생활 예절 학교 ❶교시
욕 좀 하면 어때서

1판 1쇄 2024년 2월 1일

지은이 정 진
그린이 서희주

발 행 인 주정관
발 행 처 북스토리아이
주   소 서울시 마포구 양화로 7길 6-16 서교제일빌딩 201호
대표전화 02-332-5281
팩시밀리 02-332-5283
출판등록 2008년 8월 6일 (제313-2008-129호)

홈페이지 www.ebookstory.co.kr
이 메 일 bookstory@naver.com

ISBN 978-89-97279-75-3 74810
     978-89-97279-74-6 (세트)

※잘못된 책은 바꾸어드립니다.

생활 예절 학교 ① 교시

욕 좀 하면 어때서

정진 글 | 서희주 그림

북스토리아이

작가의 말

　우리 뇌는 긍정적인 말과 좋은 이미지를 더 잘 기억할까요? 아니면 부정적인 말과 나쁜 이미지를 더 잘 기억할까요?
　정답은 부정적인 말과 나쁜 이미지입니다. 왜냐하면 훨씬 강렬하고 충격적이기 때문입니다. 그러고 보면 사람들은 누군가가 해 준 긍정적이고 따스한 말보다는 부정적이고 나쁜 말을 더 생생하게 기억하는 것 같습니다.
　저도 그런 시절이 있었습니다. 지금 생각하면 참 부끄러운 이야기를 하나 들려 드릴게요. 어린 시절에 저는 방을 깨끗하게 치우는 아이가 아니었습니다. 정리 정돈하는 걸 귀찮아하는 아이였지요. 하지만 우리 엄마는 깔끔하고 부지런한 분이었습니다.

"진아, 너 학교에서 귀가 간질간질하지 않던? 엄마가 네 방을 치우면서 얼마나 욕을 했는지 모른단다. 정말 지저분해서 못 봐주겠더라."

학교에서 돌아온 저에게 엄마가 속상한 표정으로 말씀하셨습니다.

'엄마가 내 욕을 했다고?'

저는 엄마가 방 청소를 해 준 일이 하나도 고맙지 않았습니다. 그저 엄마가 내 욕을 했다는 사실만 기분 나쁘게 느껴졌습니다.

나중에 제가 어른이 되어 자식을 낳고 엄마가 된 다음에야 깨달았습니다. 엄마가 제 방을 오랫동안 치우면서 얼마나 고생하고 애썼는지를.

'그때 내가 참 어리석었구나! 엄마가 내 잘못된 버릇을 고쳐 주려고 했던 말씀을 오해해서 받아들였구나.'

저는 엄마한테 죄송하고 부끄러웠습니다.

마음과 느낌을 표현하는 '말'은 엄청난 힘을 가졌습니다. 그래서 좋은 약이 될 때도 있고, 무서운 독이 될 때도 있습니다.

현실에 있을 만한 다양한 에피소드를 통해 아름다운 우리말의 가치를 새롭게 깨닫고, 스스로 자신의 잘못된 언어 습관을 고쳐 가는 아이들의 이야기를 책으로 소개하게 되어 참 기쁩니다.

바르고 좋은 말을 배워서 쓰려고 노력한다면 우리는 훨씬 행복해지고 함께 사는 세상은 더욱 아름다워질 겁니다.

차례

작가의 말 · · · · · · · · · · · · · · · · · 4

1. 아이들을 웃기고 싶었을 뿐이야 · · · · · · · · · 8

2. 욕은 상대방에게 상처를 입혀요! · · · · · · · · · 31

3. 뒷담화와 거짓말은 우정을 깨뜨려요! · · · · · · · 62

4. 나쁜 뜻을 지닌 별명은 절대 안 돼요! · · · · · · · 84

5. 친구를 때리면 당연히 공개 사과해야지! · · · · · 103

6. 아름다운 우리 말 온도계 · · · · · · · · · · · · 119

부록 – 언어 예절 이것만은 알아 둬! · · · · · · · 133

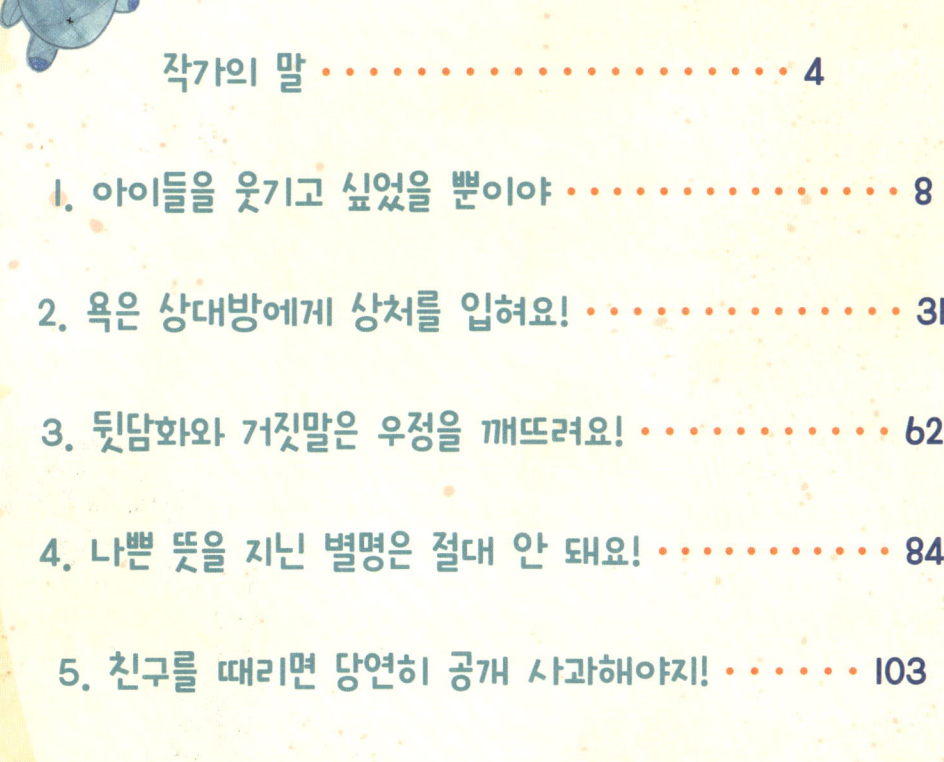

1. 아이들을 웃기고 싶었을 뿐이야

오한솔은 '세상에서 가장 기분 나쁘게 말하기 대회'에 나가면 꼭 상을 받을 만한 아이였습니다. 별명도 '꽈배기 대장'이었지요.

오한솔의 엄마는 학교에서 전화만 오면 심장이 쿵쾅쿵쾅 뛰었습니다.

"당신이 전화 받아요."

이날은 엄마 대신 아빠가 전화를 받게 되었습니다.

"안녕하세요, 어머니. 저는 한솔이 학교 담임입니다."

선생님 목소리를 듣고 아빠는 차렷 자세를 했습니다.

"저, 전 한솔이 엄마가 아니고 아빠인데요. 혹시 한솔이가 무슨 잘못을 했나요?"

아빠의 목이 거북이처럼 움츠러들었습니다.

"한솔이 아버지시군요. 한솔이가 자꾸 친구들한테 말로 상처를 줍니다."

선생님은 학교에서 있었던 일을 대충 설명해 주었습니다.

"아이고, 정말 죄송합니다!"

아빠와 엄마는 한솔이가 집에 오기만 눈이 빠지게 기다렸습니다.

"학교에 다녀왔습니다."

오늘따라 한솔이는 시무룩한

표정으로 집에 돌아왔습니다.

"한솔아, 학교에서 아무 일 없었어?"

아빠의 목소리를 듣는 순간 한솔이는 금세 알아차렸습니다.

'선생님이 번개처럼 전화를 하셨군!'

한솔이는 갑자기 말이 빨라졌습니다.

"아, 진짜 억울해요. 우리 반에 강민지란 여자애가 있는데 저를 '꽈배기 대장'이라고 불러요. 그래서 강민지한테 별명을 하나 지어 주고 싶었단 말이에요."

강민지는 태권도 대회에 나가 상을 받을 만큼 운동 실력이 뛰어났습니다. 웬만한 남자아이도 강민지한테는 이기지 못했습니다.

'강민지 때문에 아이들이 내 이름을 까먹고 말았어. 다들 나를 '꽈배기 대장'이라고 부른단 말이지. 두고 봐!'

한솔이는 강민지를 매의 눈으로 관찰했습니다. 쉬는 시간에 강민지는 찬이를 집요하게 쫓아다녔습니다. 찬이가 강민지랑 친한 여자애한테 짓궂은 장난을 쳤다는 이유로 나선 것이지요. 잽싼 찬이도 강민지한테 잡히고 말았습니다. 강민지는 의기양양한 표정으로 찬이의 등짝을 한 대 때렸습니다. '짝' 소리가 요란하게 울렸습니다.

"아얏!"

찬이가 울상을 지었습니다.

"앞으로 우리 여자아이들 괴롭히지 마!"

여자애들이 "우아!" 하며 감탄의 탄성을 질렀습니다. 강민지는 모든 여자애들의 영웅이 된 것 같았습니다.

그 순간, 한솔이의 머릿속에 텔레비전에서 본 한 장면이 떠올랐습니다.

'날카로운 이빨로 얼룩말을 확 깨무는 하마 같구나!'

찬이는 불쌍한 얼룩말이고 강민지가 사나운 하마처럼 보였습니다.

"야, 강민지! 너 별명 하나 지어 줄까?"

강민지는 한솔이를 향해 가소롭다는 듯이 '흥' 하고 코웃음을 쳤습니다.

"웃겨, 꽈배기 대장이."

"꽈배기보다 몇 천 배는 멋진 별명을 지었거든."

한솔이는 헤실헤실 웃으며 말했습니다.

"너, 악어랑 하마가 싸우면 누가 이기는지 알아? 바로 하마야! 동물의 왕인 사자도 하마는 은근히 무서워한다. 그러니까 하마가 최고야."

"뭐래."

강민지의 반응은 시큰둥했습니다. 그래서 더 얄미웠습니다.

"강민지, 넌 이제부터 '아무도 못 말리는 뚱땡이 하마'야! 어때, 멋진 별명이지?"

한솔이는 강민지를 향해 엄지손가락을 양쪽으로 번쩍 들어 올렸습니다.

"얘들아, 내가 강민지 별명을 지었거든. 이제부터 '아무도 못 말리는 뚱땡이 하마'라고 불러 줘."

한솔이는 두 손으로 나팔 모양을 하고 큰 소리로 외쳤습니다.

"뚱땡이 하마?"

"우하하하하!"

방금 전에 강민지한테 등짝을 맞고 인상을 찌푸리던 찬이가 누구보다 큰 소리로 웃었습니다. 책상까지 두드리며 좋아했지요.

"아, 웃긴다, 웃겨!"

"아무도 못 말리는 뚱땡이 하마래!"

아이들의 뜨거운 호응에 한솔이는 만족했습니다.

그런데 이게 웬일일까요? 한솔이를 매섭게 째려보던 강민지가 눈물을 흘리기 시작했습니다. 강민지는 책상에 엎드려 얼굴을 파묻고는 흑흑 울었습니다.

교실 분위기가 갑자기 싸해졌습니다.

'뭐야. 자기는 나한테 '꽈배기 대장'이라고 신나게 놀렸으면서!'

한솔이는 당황했습니다.

"강민지, 진짜 우는 거야? 너, 장난치지 마!"

한솔이는 강민지를 의심하며 곁으로 다가갔습니다. 엎드려 있는 강민지의 두 손 사이로 눈물이 뚝뚝 떨어지는 게 보였습니다.

그 순간, 교실 문이 드르륵 열렸습니다.

"하필이면 선생님이 그때 오시는 바람에……. 운이 나빴어요. 강민지를 울렸다고 혼났으니까요!"

한솔이는 학교에서 있었던 일을 다 말했습니다.

"정말 뚱땡이 하마란 말을 했어?"

엄마가 화들짝 놀랐습니다.

"강민지는 하마처럼 사납고 힘이 아주 세요. 그리고 아빠도 엄마한테 '뚱땡이'라고 부르잖아요."

아빠는 '아차' 싶었습니다. 한솔이를 낳고 예전보다 살이 찐 엄마를 '뚱땡이'라고 놀렸기 때문입니다.

"……."

엄마가 매서운 눈빛으로 아빠를 쳐다보았습니다.

"한솔아, 그건 아빠가 엄마한테 농담한 거지."

아빠가 엄마의 눈치를 살살 보며 말했습니다.

"농담이라고요? 그럼 나도 아이들 웃기려고 한 말인데요."

한솔이는 자신이 아무 잘못 없고 재수가 나쁘다고 여겼습니다.

"한솔아, 지금부터 엄마가 하는 말을 똑똑히 잘 들어!"

엄마가 진지한 표정으로 한솔이의 두 손을 꼭 잡았습니다.

"아빠가 '뚱땡이'라고 놀릴 때마다 엄마는 무척 기분이 나빴어. 근데 그냥 꾹 참았어. 왜냐하면 한솔이 앞에서 아빠랑 싸우기 싫었거든."

"엄마가 '뚱땡이'란 말 때문에 기분이 나쁜 줄은 몰랐어요."

"엄마가 민지였다면 너무 부끄럽고 화가 났을 거야. 모든 아이가 보는 앞에서 '하마'라느니, '뚱땡이'라느니 그런 끔찍한 말을 들었잖아."

한솔이는 깜짝 놀랐습니다.

'그 말이 강민지한테 끔찍하고 나쁜 말이었구나!'

한솔이는 그냥 강민지를 놀리면 아이들이 재미있어 하고 웃어 줄 거라고만 생각했습니다.

"엄마, 내일 학교에 가서 사과할게요."

한솔이는 풀이 죽어서 작은 소리로 말했습니다.

"아빠도 잘못이 있어. 한솔이가 말을 밉게 하는 걸 아빠한테 배웠나 보다."

아빠는 찔끔해서 엄마한테 사과했습니다. 다시는 '뚱땡이'란 말을 하지 않겠다고.

하지만 다음 날 한솔이는 사과할 수 없었습니다. 강민지가 아예 학교에 오지 않았기 때문입니다. 그 다음 날은 강민지 대신 민지 엄마가 학교에 찾아왔습니다. 한솔이가 지어 준 '아무도 못 말리는 뚱땡이 하마'란 별명 때문에 강민지가 큰 상처를 받아 학교에 오기 싫어한다고 말했습니다. 게다가 친구들 앞에서 모욕당해서 같은 반 아이들을 보기가 너무 부끄럽고 창피하다고 했습니다.

"강민지가 먼저 시작했어요. 저한테 '꽈배기 대장'이라고 했단 말이에요."

한솔이는 혼날까 봐 변명했습니다. 하지만 변명은 통하지 않았습니다.

"한솔아, 주먹으로 사람을 때리는 것만 폭력이 아니야. 말로 사람의 마음을 아프게 하는 행위도 폭력이라고 할 수 있어."

선생님이 엄하게 말했습니다.

"몸에 생긴 멍은 시간이 흐르면 사라지지만, 마음에 든 상처는 쉽게 사라지지 않아!"

한솔이는 충격을 받았습니다. 강민지가 얄밉기는 했지만 상처를 주려던 의도는 없었습니다.

한솔이는 아빠, 엄마와 함께 강민지네 집에 찾아갔습니다. 얼음 공주처럼 냉랭한 강민지를 보자 가슴이 두근거리고 말이 잘 나오지 않았습니다.

한솔이는 떨리는 목소리로 간신히 말했습니다.

"장난으로 그런 거야. 내가 잘못했어. 미, 미안해."

한솔이네 엄마도 사과했습니다.

"민지야, 정말 미안하다! 집에서 한솔이 아빠가 나한테 '뚱땡이'라고 자주 놀렸거든. 그래서 한솔이는 그게 나쁜 말인지도 몰랐다지 뭐니."

그 말을 들은 민지는 눈이 동그래졌습니다. 그러곤 한솔이 엄마를 물끄러미 보았지요.

"아줌마도 그런 말을 들었어요?"

한솔이 엄마는 고개를 끄덕였습니다.

"그럼. 들을 때마다 기분이 나빴지만 싸우기 싫어서 꾹 참았어. 그런데 아줌마가 잘못한 것 같아. 한솔이가 모르고 민지한테 큰 잘못을 저지르고 말았으니까. 우리가 한솔이를 잘못

가르쳐서 정말 미안하구나!"

그 말을 들은 민지가 말했습니다.

"아니에요. 아줌마는 잘못이 없어요. 뚱땡이라고 놀리는 사람들이 잘못한 거예요."

한솔이 아빠가 머리를 긁적이며 사과했습니다.

"아저씨가 제일 잘못했지, 뭐. 정말 미안하구나!"

한솔이 아빠까지 미안하다고 사과하자 얼음 공주 같던 민지의 표정이 한결 부드러워졌습니다.

"오한솔, 너한테 '꽈배기 대장'이라고 했던 일 나도 사과할게. 하지만 넌 너무 심한 말을 했어. 정말 사람 얼굴이나 몸에 대해 나쁜 말로 놀리고 망신 주는 행동은 하지 말아 줘."

한솔이는 몹시 부끄러웠습니다.

그저 말없이 고개를 끄덕였지요.

"그리고 아저씨한테 부탁이 있어요. 꼭 들어 주세요. 앞으로는 아줌마한테 뚱땡이라고 하지 마세요."

민지가 따끔하게 말했습니다.

"어, 당연하지!"

한솔이 아빠는 귀밑까지 빨개졌습니다.

"민지야, 넌 옳은 말만 하는구나. 정말 고마워!"

한솔이 엄마가 생긋 웃었습니다.

한솔이는 집으로 돌아오는 길에 단단히 결심했습니다.

'다시는 아빠랑 엄마가 나 때문에 사과하게 만들지 말아야지!'

한솔이는 엄마랑 아빠한테 너무너무 미안했습니다.

한솔이네 아빠가 회사를 먼 곳으로 옮기게 되었습니다. 그 바람에 한솔이네 가족은 이사를 해야 했지요. 당연히 한솔이는 전학을 가게 되었습니다.

"자, 선물이야. 새 학교에 가면 이 인형을 꼭 책가방에 달고 다녀."

민지가 통통한 하마 인형을 한솔이한테 선물했습니다.

"강민지, 너 정말 뒤끝이 어마어마하다."

민지는 고개를 절레절레 흔들며 말했습니다.

"그런 거 아니거든! 두고 봐. 이 하마 인형은 너한테 행운의 인형이 될 테니까."

"저주의 인형이 아니고?"

"아이참! 그게 아니야. 하마 인형을 볼 때마다 내가 생각이 나면 나쁜 말을 조심하게 될 거 아냐."

듣고 보니 틀린 말은 아니었습니다.

한솔이는 기꺼이 하마 인형을 책가방 앞주머니에 걸었습니다. 걸을 때마다 하마 인형이 살랑살랑 흔들렸습니다.

아직 꽃샘바람이 살살 부는 봄날에 한솔이는 전학을 갔습니다. 한마음 초등학교 4학년 2반이 되었습니다.

'선생님이 왜 먼저 보자고 하시지?'

내일부터 학교에 가는 줄 알았는데 선생님이 한솔이를 먼저 만나고 싶다고 했습니다. 한솔이 혼자 교실로 찾아오라고 했습니다. 아이들이 모두 집으로 돌아갔을 시간에 한솔이는 선생님을 찾아갔습니다.

"어서 와, 반갑다, 네가 오한솔이구나!"

단발머리를 한 선생님은 예쁜 눈웃음을 지었습니다.

"선생님 안녕하세요."

한솔이는 꾸벅 인사를 했습니다.

"한솔아, 이리 와 봐."

선생님이 칠판 옆에 붙어 있는 학급 게시판을 가리켰습니다.

"저기 붙어 있는 우리 반 규칙을 읽어 볼래? 한솔이를 위해서 칠판에도 크게 적어 놓았단다."

한솔이는 눈을 크게 뜨고 읽었습니다.

'앗!'

한솔이는 깜짝 놀랐습니다. 우리 반 규칙은 분명한 공통점이 있었습니다. 말과 행동으로 폭력을 저지르면 안 된다는 약속이었습니다.

'근데 규칙을 어기면 받는 벌이 너무 웃기잖아!'

마치 재미있는 게임처럼 보였습니다. 과연 아이들이 저런 벌이 무서워서 약속을 지킬까 싶었습니다.

'헉, 1번이랑 2번은 나한테 위험하다!'

한때 '꽈배기 대장'이라고 불렸던 한솔이에게는 안심할 수 없는 일입니다. 친구에게 상처 주는 말을 하거나 싫어하는 별명을 계속 불렀던 전적이 있으니까요. 혹시 1번이나 2번을 어겨서 벌을 받게 된다면 어떤 느낌이 들지 잠시 상상해 보았습니다.

'억, 끔찍하다!'

의외로 센 벌이었습니다. 한솔이는 춤과 노래가 세상에서 가장 자신 없었습니다.

'참 이상하다! 강민지가 우리 반 규칙을 미리 알고 나에게 하마 인형을 준 거 아냐?'

책가방에 달린 하마 인형을 힐끗 보며 이런 의심이 들었습니다. 한솔이는 용기를 내어 선생님한테 물어보았습니다.

"선생님, 혹시 강민지 아세요?"

"아니. 우리 학교 다니는 아이니?"

선생님은 전혀 모르는 눈치였습니다.

"전에 다니던 학교의 같은 반 아이였는데요. 어쩐지 우리 반 규칙을 미리 알고 있었던 것 같아서요."

한솔이의 말에 선생님은 고개를 갸우뚱했습니다.

"한솔아, 우리 반 규칙은 선생님이 정한 게 아니라 우리 반 친구들이 스스로 정했단다."

선생님은 첫날 수업 시간에 반 규칙을 만들어 보자는 제안을 했습니다. 한 해를 즐겁고 행복하게 지내기 위해서였지요.

"우리 반이 평화롭기 위해서는 폭력이 없어야 한다는 의견이 나왔단다. 어떻게 하면 우리 교실에서 폭력을 예방할 수 있을까 하는 회의를 모둠끼리 모여서 했지."

여러 모둠이 상의해서 나온 내용을 반 전체가 투표한 결과 가장 많은 표를 받은 의견이 결정되었습니다.

"참, 우리 반은 중요한 게 또 한 가지 있어."

한솔이는 어리둥절해서 선생님을 보았습니다.

"우리 반은 다 같이 '직업 놀이'를 하고 있단다."

나중에 어른이 되면 가질 직업에 관한 체험을 하는 놀이였습니다. 또 반을 위한 봉사도 되는 놀이였지요.

"한솔이는 어떤 직업에 관심이 있을까?"

선생님이 '교실 속 직업 놀이' 표를 보여 주었습니다. 직업의 종류와 교실 안에서 활동하는 방법이 적혀 있었습니다.

한솔이는 '세스콤'이란 직업을 보고 눈이 휘둥그레졌습니다. 하는 일이 '교실에 출몰한 벌레 잡기 및 교실 방역과 소독 담당'이었습니다. 또 '탐정'은 분실물 찾기를 했습니다. '정리 컨설턴트'는 친구들이 사물함, 책상 서랍 등을 정리할 때 도움을 주는 직업이었습니다. '칠판 관리사'는 칠판 닦기 및 칠판에 붙이는 안내문 관리를 했습니다. '식물 관리사'는 학급 화분 등 식물 키우기 및 관리를 담당하는 일을 해야 합니다. '만화가'는

만화를 연재하거나 만화를 정리해서 친구들이 볼 수 있도록 해야 합니다.

원래 캐릭터를 그리거나 만화를 좋아하는 한솔이는 '만화가'를 맡고 싶었습니다. 그런데 이미 다른 사람이 신청해 놓았지 뭐예요. 그러고 보니 모든 직업은 신청자가 다 정해진 상태였습니다.

"아, 딱 한 자리가 비어 있네."

선생님이 보여 주는 교실 속 직업 놀이 표에는 '마음 변호사'만 빈칸으로 남아 있었습니다.

'마음 변호사가 뭐지?'

한솔이는 '반에서 하는 일'을 읽어 보았습니다.

'친구끼리 갈등이 생기면 (친구가 싫어하는 일을 계속하는 아이가 생기면) 마음을 다친 아이의 말을 공감하며 잘 들은 뒤, 소소한 다툼을 해결하도록 돕기'라고 적혀 있었습니다.

한솔이는 뜨악했습니다. 그런 일은 한 번도 해 본 적이 없었습니다.

"우리 반에 '마음 변호사'가 꼭 필요하단다. 그러니까 한번

해 보렴. 한솔이가 하다가 맞지 않으면 나중에 다른 직업으로 바꾸면 돼."

"나중에 정말 바꿀 수 있어요?"

"그럼, 당연하지. 우리 반 친구들이 하는 직업 놀이를 잘 살펴보렴. 가장 하고 싶은 일이 뭔지 찾아보는 거야."

"네."

얼떨결에 한솔이는 '마음 변호사'가 되었습니다.

'왜 아이들이 아무도 고르지 않았는지 알겠다. 어렵다고 느꼈을 거야!'

'우리 반 규칙'과 '직업 놀이'가 모두 낯설고 부담스럽게 느껴졌습니다. 터덜터덜 걸어서 집에 돌아온 한솔이는 자꾸 민지한테 의심이 갔습니다. 아무래도 책가방에 달린 하마 인형이 '행운의 인형'은 아닌 것만 같았습니다.

강민지, 너한테 궁금한 게 있어. 꼭 솔직하게 말해야 해.

나한테 준 '하마 인형'은 행운의 인형이 아니고 저주 인형 맞지?

새 학교에 전학 오자마자 이상한 일이 2가지나 생겼거든. 너한테 '하마 인형'을 받자마자 생긴 일이야. 네가 말한 행운은 하나도 없다고.

민지는 메시지를 받자마자 번개처럼 답장했습니다. 귀이개처럼 뾰족뾰족한 목소리가 들려오는 것 같았습니다.

야, 이 꽈배기 대장아! 어쩜 아직도 배배 꼬여 있니? 내가 귀엽고 통통한 하마 인형을 왜 선물로 주었는데! 네가 전학 가서도 애들 웃겨서 인기 얻으려고 여자아이들한테 기분 나쁘게 말하고 다닐까 봐서 진심 걱정해 준 거라고.

민지는 당장 하마 인형을 내놓으라며 방방 뛰었습니다. 한솔이는 찬물을 뒤집어쓴 것처럼 정신이 번쩍 났습니다.
'하마 인형을 볼 때마다 정말 나쁜 말을 조심해야지!'
한솔이는 미안하다고 싹싹 빌었습니다.

2. 욕은 상대방에게 상처를 입혀요!

"우리 아들, 이제 일어나세요."

아빠가 방에 들어와 이불을 걷어 냅니다. 요즘 아침마다 아빠가 태현이를 깨우는 방법입니다.

"어휴, 추워."

잘 때 답답해서 잠옷도 입지 않는 태현입니다.

"어서 일어나야지!"

아빠가 손을 잡고 태현이를 일으켰습니다.

"아하암."

태현이는 하품을 하며 욕실로 들어갔습니다. 고양이가 세수하듯 물만 묻히고 식탁에 앉았습니다. 졸음이 눈곱처럼 달라

붙었는지 자꾸 눈이 감겼습니다.

"엄마, 태현이 밥그릇이 왜 저래요?"

작은누나가 호들갑을 떨었습니다. 그 소리에 태현이는 잠이 확 달아났습니다.

'헐!'

눈앞에 아기 밥그릇처럼 생긴 밥공기가 놓여 있었습니다.

"이거, 태현이 밥그릇 맞아요?"

큰누나가 키득키득 웃었습니다.

"지금 웃을 일이 아냐. 심각하다고! 병원에서 의사 선생님이 태현이 밥그릇을 작은 걸로 바꿔 주라고 하셨어."

엄마가 웃음기 하나도 없는 표정으로 말했습니다.

'내 밥그릇을? 진짜 어이가 없네.'

태현이는 황당하고 기가 막혔습니다.

"아빠는 아침마다 태현이랑 운동을 같이 하고 엄마는 식단을 조절하기로 했어. 그러니까 너희도 태현이를 잘 도와줘야 해."

엄마가 누나들한테 부탁했습니다.

"알겠어요. 당분간 피자나 치킨은 태현이 몰래 숨어서 먹게 생겼군!"

작은누나가 말했습니다. 태현이가 가장 좋아하는 음식이 피자와 치킨이었기 때문입니다.

"아예 집에서 먹지를 말아. 뭘 애 약 오르게 숨어서 먹고 그래?"

엄마가 태현이 눈치를 보며 말했습니다.

"엄마, 우리는 태현이처럼 먹는 데 인생을 걸진 않아요! 숨어서 먹지 않을 테니 걱정하지 마세요."

큰누나가 엄마를 안심시켜 주었습니다.

'먹는 데 인생을 건다고, 내가?'

가만히 듣고 있자니 점점 기분이 나빠졌습니다.

"아, 진짜!"

태현이는 들고 있던 숟가락을 내려놓았습니다.

"나, 밥 안 먹을래요."

의사 선생님이 지난번에 태현이를 보더니 '소아 비만'이라 성인병을 조심해야 한다고 말했습니다. 그래도 그렇지. 아기도 아닌데 무슨 아기 밥그릇에 든 밥을 깨작깨작 먹으라니……. 태현이는 짜증이 났습니다.

작은누나가 말리기는커녕 잘했다고 했습니다.

"태현아, 잘 생각했어. '간헐적 단식'이란 말 알지? 가끔 굶는 것도 몸에 괜찮아."

큰누나도 반갑다는 듯이 말했습니다.

"우리 태현이가 웬일이야. 밥을 다 안 먹는다고 하고."

아빠까지 거들었습니다.

"태현아, 그럼 오늘은 바로 운동하러 갈까?"

모두 말릴 줄 알았는데 오히려 환영하는 분위기였습니다.

'우리 식구들 너무 냉정한 거 아냐?'

태현이는 청개구리처럼 마음이 바뀌었습니다.

"밥도 안 먹고 운동하러 가면 어떻게 해요."

태현이는 볼멘소리를 하며 다시 숟가락을 들었습니다. 허겁지겁 먹는 모습을 보던 엄마가 말했습니다.

"천천히 먹어. 누가 쫓아오는 줄 알겠다."

몇 숟가락 먹었더니 금세 밥공기가 텅 비었습니다.

"태현아, 밥도 먹었으니 운동하러 가자."

아빠가 점퍼를 들고 와 입으라고 했습니다. 엄마는 아예 책가방까지 들고 왔습니다.

"우리 집 왕자님은 참 좋겠네!"

"엄마랑 아빠가 아주 매니저처럼 관리를 다 해 주네. 부럽다, 부러워."

누나들은 말로는 부럽다고 하면서 눈으로는 아주 재미있어

했습니다.

'어휴, 짜증 나!'

태현이는 도살장에 억지로 끌려가는 소가 된 것만 같았습니다. 헬스장 러닝 머신에 올라가 걷는 일도, 자전거 바퀴를 돌리는 일도, 뱃살을 빼는 기구 운동도 모두 지루하고 재미가 하나도 없었습니다.

"아빠, 이러다 학교에 늦겠어요!"

헬스장 벽에 걸린 둥근 시계를 본 태현이는 깜짝 놀랐습니다.

"아차! 시간이 벌써 저렇게 되었네."

아빠와 태현이는 부랴부랴 헬스장을 나왔습니다. 지각하기 딱 5분 전에 아빠 차로 교문 앞에 도착했지요.

"에잇, 또 지각하게 생겼네!"

태현이는 계단을 두세 칸씩 뛰어올랐습니다. 속이 부글부글 끓어올랐습니다.

'아침마다 이게 뭐냐고!'

교실로 들어가는 태현이의 이마엔 땀이 흐르고 등까지 축축했습니다.

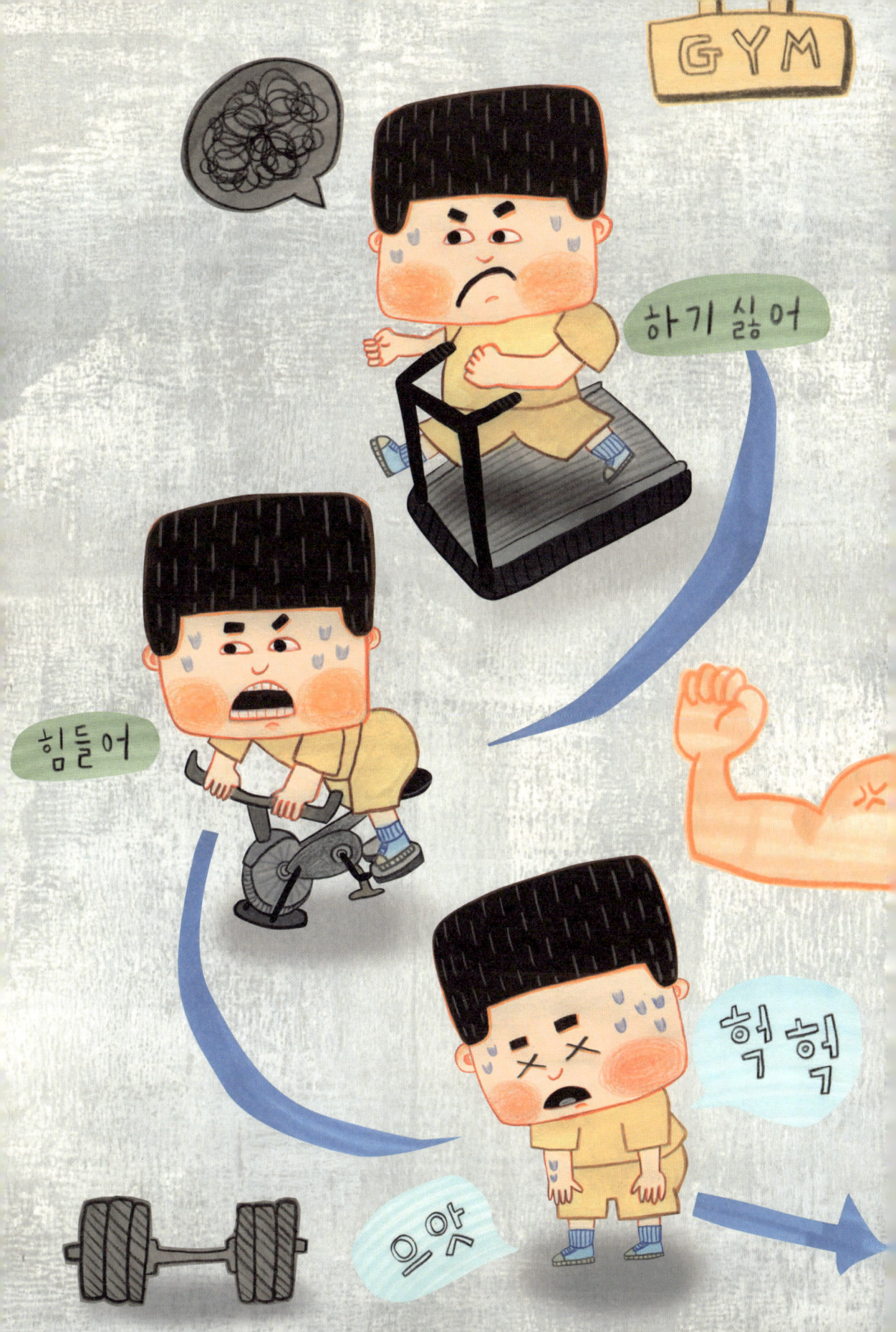

'후유, 살았다. 아직 선생님이 안 계시네.'

불행 중 다행이라 여기며 자리에 앉을 때였습니다.

"박태현, 나 좀 봐."

오로아가 태현이 책상 앞으로 다가왔습니다. '직업 놀이'에서 '반 의원'을 맡은 오로아는 아이들이 담당하고 있는 직업을 잘 수행하고 있는지 살피고 다녔습니다.

"너, 만날 늦게 오는 거 알아?"

태현이는 오로아의 말을 듣자마자 울컥했습니다. 그러곤 오로아를 매섭게 째려봤지요. 막 욕이 튀어나오려는 순간이었습니다.

"잠깐만!"

뒷자리에 있던 영태가 벌떡 일어났습니다. 영태는 태현이를 따르고 좋아했습니다.

"산 할아버지 구름 모자 썼네. 까마귀같이 훨훨 날아서 구름 모자 벗겨 오지."

영태는 태현이에게 한쪽 눈을 찡긋하더니 재미있는 노래를 부르며 막춤까지 추었습니다. 반에서 '개그맨'을 맡은 영태는 원래 꿈도 개그맨이 되는 것이었습니다.

"쟤, 갑자기 왜 저래?"

오로아와 주변에 있던 아이들이 까르르 웃었습니다.

'아차!'

태현이는 금세 알아차렸습니다. 영태가 막춤을 추면서 태현이에게 욕을 하지 말라는 신호를 보내는 거였습니다. 까딱 잘못해서 욕을 하면 태현이는 앞에 나가 웃기는 음악에 맞춰 창피하게 춤을 추어야 하니까요.

'후유!'

태현이는 얼른 손으로 입을 가렸습니다.

"야, 박태현. 아까 우리 반 남자애들이 축구한다고 막 뛰어다녔단 말이야. 운동장도 아니고 교실 복도에서."

오로아가 말했습니다.

"그래서 나보고 어쩌라고."

태현이는 시큰둥했습니다.

"복도에서 아이들이 뛰어다닐 때 말리라고 '안전 보안관'이 있는 거잖아."

오로아가 또박또박 말했습니다.

'허걱!'

잠시 깜박 잊고 있었습니다. 사실 태현이는 반에서 '안전 보안관'을 맡고 있어서 다른 아이들보다 학교에 일찍 와야 했습니다. 복도와 교실의 질서와 안전을 살피는 일이 '안전 보안관'이 하는 역할이었기 때문입니다.

오로아랑 단짝인 최단비가 갑자기 끼어들었습니다.

"학급 신문에 확 써 버릴까? 안전 보안관이 학교에 매일 늦게 온다고."

최단비는 반에서 '학급 신문 기자'를 맡았습니다.

'뭐, 학급 신문에 내 이야기를 쓴다고?'

최단비는 '우리 반 문제점'을 밝힌다고 쓰고도 남을 아이였습니다.

태현이는 당황해서 변명을 늘어놓았습니다.

"아, 난 진짜 억울하다고. 이게 다 우리 아빠 때문이야. 아빠가 아침마다 헬스장에 데리고 가서 억지로 운동을 시킨단 말이야."

태현이는 아빠 탓이라고 생각했습니다.

"변명하지 마! 밤에 운동하면 되잖아."

태현이의 변명은 통하지 않았습니다. 최단비가 '흥' 하며 귓등으로 흘렸습니다.

"아, 답답해 미치겠네."

태현이가 가슴을 퉁퉁 치면서 말했습니다.

"우리 아빠는 밤에 엄청 늦게 온단 말이야."

가만히 보고 있던 오로아가 말했습니다.

"그럼, 둘 중에 하나만 하면 되겠네."

"뭘?"

"안전 보안관을 할 거면 아침에 운동을 하지 말고, 아침에 운동을 할 거면 안전 보안관을 하지 말아야지."

오로아가 단호하게 말했습니다.

"누가 안전 보안관이 하기 싫대? 내가 하고 싶어서 아침에 운동을 하냐고!"

태현이는 속에서 뜨거운 열이 펄펄 끓었습니다.

"그건 네 사정이고! 우리 반 '직업 놀이'는 반을 위한 봉사라고 선생님께서 그러셨잖아."

오로아는 물러서지 않았습니다.

"박태현, 로아 말이 옳아. 빨리 결정하는 게 좋을걸!"

최단비가 얄밉게 맞장구를 쳤습니다.

'어이구!'

태현이는 따박따박 따지고 지적하는 오로아와 최단비가 너무너무 얄미웠습니다. 진짜 주먹이 불끈불끈하고 발차기라도 한 방 날리고 싶었습니다. 하지만 여태까지 여자애들을 때린 적은 한 번도 없습니다. 집에서 누나들한테 여자아이를 괴롭히면 안 된다는 교육을 단단히 받았기 때문입니다.

'아, 열받아!'

태현이는 주위를 두리번거렸습니다. 화풀이할 상대를 찾고 싶었습니다. 그야말로 화산 폭발이 일어나기 직전이었으니까요.

그때, 새로 전학 온 오한솔이 눈에 뜨이었습니다.

'가방에 하마 인형을 여자애처럼 달고 다니는 웃기는 녀석이야.'

태현이는 성큼성큼 다가가더니 오한솔의 책상 옆구리에 걸려 있는 가방을 발로 뻥 찼습니다. 어찌나 세게 찼던지 책상까지 '쿵' 하며 흔들렸습니다.

"야, 네 거냐? 이 못생긴 하마 인형은."

태현이는 빤히 알면서 거칠게 물었습니다.

오한솔은 눈이 휘둥그레져서 대답했습니다.

"어."

태현이는 남자애들한테 겁을 줄 때마다 하는 동작이 있습니다. 눈을 위로 부릅떠서 흰자위를 보이면서 턱을 치켜올리고 거만하게 말하는 행동이지요.

"야, 누가 줬는데?"

오한솔은 당황해서 눈만 깜박거렸습니다.

"…… ."

태현이는 어금니를 꽉 물고 다시 물었습니다.

"야, 너 대답 안 하면 나 무시하는 거다."

오한솔은 할 수 없이 작은 소리로 대답했습니다.

"전에 다니던 학교의 강민지란 친구가 준 거야."

"오호, 딱 걸렸어!"

태현이는 씩 웃더니 큰 소리로 외쳤습니다.

"얘들아!"

반 아이들이 일제히 태현이를 쳐다보았습니다.

"우리 반에 말이야. 여자 친구가 준 하마 인형을 대롱대롱 달고 다니는 녀석이 있거든. 그 아이는 과연 누굴까?"

교실 안이 쩌렁쩌렁 울릴 만큼 큰 목소리였습니다. 아이들이 킬킬 웃으며 사방을 두리번거렸습니다. 태현이는 오한솔의 머리 위로 달팽이를 계속 그렸습니다.

"하하하, 오한솔이야?"

영태가 아는 척했습니다.

"딩동댕."

반 아이들 모두가 오한솔의 가방에 달린 하마 인형을 알게 되었습니다.

졸지에 아이들의 뜨거운 관심을 받게 된 오한솔은 얼굴이 빨개졌습니다.

"한솔아, 나를 잊지 말아 줘! 이 하마 인형을 달고 다니며 다른 여자애들은 좋아하지 말아 줘."

태현이가 여자 목소리를 내며 놀려 댔습니다.

"와하하하!"

"아니야. 내 여자 친구 아니야."

오한솔이 하는 말은 아이들의 웃음소리에 파묻혔습니다.

태현이는 하루 중 학교 수업을 마치고 영어 학원 차를 탈 때가 가장 즐겁습니다.

오늘따라 소나기가 내려서 우산을 쓴 채로 학원 버스를 기다렸습니다.

"우주야, 영태야 오늘 나랑 같이 앉아서 가자."

태현이는 교문 앞에서 우주랑 영태한테 말을 걸었습니다.

"어, 그래."

싱글벙글 웃는 태현이의 눈빛이 반짝거렸습니다. 버스에 타자마자 셋은 나란히 앉았습니다.

태현이는 책가방을 열어서 속주머니 깊숙한 곳에 감춰 둔 카드를 꺼냈습니다. 좋아서 입이 벙싯벙싯 벌어졌습니다.

"짜잔!"

태현이가 꺼낸 카드를 본 우주와 영태는 눈이 휘둥그레졌습니다.

"우아!"

"한정판 포켓몬 카드다."

우주와 영태는 서로 카드를 보려고 흥분했습니다.

"야, 내 거 건드리지 마!"

태현이가 거만하게 말했습니다. 날개 달린 용이 새겨진 리자몽 카드는 카드 위에 홀로그램이 있어 빛이 비치면 번쩍거렸습니다.

"학교에 카드 가져오면 안 되는 거 아냐?"

우주가 말했습니다.

"학교에서 내가 꺼냈냐고. 지금 학원 가는 길인데 뭐 어때!"

기분이 살짝 상한 태현이는 눈썹을 찌푸렸습니다.

"그건 태현이 말이 맞아."

영태가 얼른 태현이 편을 들었습니다.

"태현아, 나 좀 보여 줘."

"나도 보고 싶어."

태현이는 안달하는 친구들에게 으스대며 말했습니다.

"우리 삼촌이 내 생일 선물로 사 줬거든. 엄청나게 비싼 거야."

"우아, 진짜?"

"너희 삼촌 짱이다!"

우주와 영태는 카드를 자세히 보고 싶었습니다.

"그럼, 딱 한 번만 보여 줄게."

태현이는 소중한 리자몽 카드를 우주에게 보여 주었습니다.

"우주 먼저 보고 그 다음에 영태가 봐, 알았지?"

흥분한 영태는 우주 옆에 바짝 붙어서 구경했습니다. 우주는 리자몽 카드를 들고 유심히 보았습니다. 앞장을 보았다가, 뒷장을 보았다가 하면서 고개를 갸우뚱했습니다.

"이거, 얼마 주고 샀어?"

우주가 심상치 않은 듯이 물었습니다.

"우리 삼촌이 직접 사 줬다니까."

태현이는 가격이 너무 비싼 걸 삼촌이 사 주는 바람에 엄마한테 혼났다는 말까지 했습니다.

"근데 이상하다. 이 카드 가짜 같아."

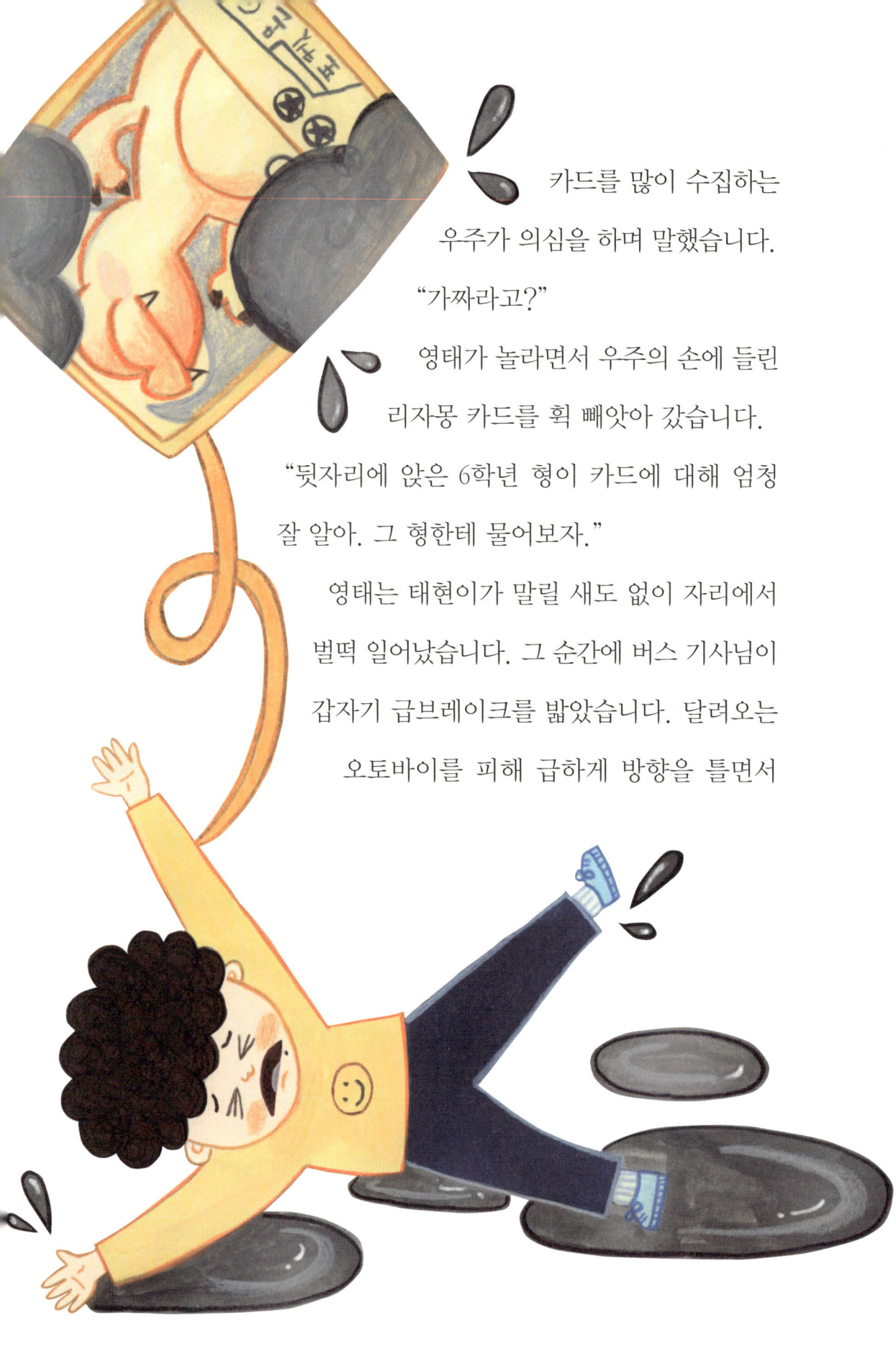

카드를 많이 수집하는 우주가 의심을 하며 말했습니다.

"가짜라고?"

영태가 놀라면서 우주의 손에 들린 리자몽 카드를 휙 빼앗아 갔습니다.

"뒷자리에 앉은 6학년 형이 카드에 대해 엄청 잘 알아. 그 형한테 물어보자."

영태는 태현이가 말릴 새도 없이 자리에서 벌떡 일어났습니다. 그 순간에 버스 기사님이 갑자기 급브레이크를 밟았습니다. 달려오는 오토바이를 피해 급하게 방향을 틀면서 생긴 일이었습니다.

"아악!"

영태는 뒤로 넘어지면서 리자몽 카드를 바닥에 떨어뜨렸습니다. 하필이면 비가 많이 와서 신발에 묻은 흙이 바닥에 여기저기 묻어 있는 상태였습니다. 축축한 바닥에 떨어진 카드는 흙탕물에 젖어 버렸습니다.

"망했어, 내 카드!"

태현이는 비명을 질렀습니다. 영태는 당황해서 바닥에 떨어진 카드를 주워 태현이에게 돌려주었습니다.

"이 병신, 미친 새끼야!"

태현이는 펄쩍펄쩍 뛰었습니다. 그토록 자랑스럽게 빛나던 카드가 빗물과 흙탕물에 젖어 얼룩덜룩해졌습니다.

"에이, 씨!"

태현이는 카드를 그 자리에서 박박 찢어 버렸습니다. 영태와 우주는 너무 놀라 숨을 죽이고 그 모습을 지켜보았습니다.

"넌 죽었어! 우리 삼촌한테 다 말할 거야."

태현이는 당장 삼촌에게 울먹거리며 전화를 걸었습니다.

"삼촌! 삼촌이 사 준 그 리자몽 카드를 우리 반 영태란 아이가 완전히 망가뜨렸어. 삼촌이 얘 좀 혼내 줘. 얼마 주고 샀는지 얘한테 알려 줘."

영태는 겁을 잔뜩 먹었습니다. 태현이가 바꿔 주는 전화를 받으며 영태는 삼촌이 하는 말을 똑똑히 듣게 되었습니다.

"이거 참 난처하게 되었구나! 우리 태현이가 너무 좋아해서 내가 큰 맘 먹고 생일 선물로 사 준 카드인데. 10만 원도 넘는 비싼 건데, 어쩌다 망가뜨렸니?"

영태는 어쩔 줄 몰랐습니다.

"일단 삼촌 일해야 해서 전화 끊을게."

태현이는 전화를 끊고 나서 영태를 향해 무시무시한 표정을 지었습니다.

"너, 똑똑히 들었지? 아까 내 카드 가짜라고 했지?"

영태는 고개를 절레절레 흔들었습니다.

"그건, 내가 한 말이 아니야. 우주가 말한 거야. 그래서 내가 6학년 형한테 진짜인지 물어 보려고 한 건데."

옆에 앉아 있던 우주도 고개를 끄덕였습니다.

"누가 너보고 설치고 나대라고 했어? 손영태, 누가 너보고 내 카드 진짜인지 알아봐 달라고 했냐고."

영태는 꿀 먹은 벙어리가 되었습니다. 그러자 태현이는 의기양양해져서 더 심한 막말을 했습니다.

"너, 우리 삼촌한테 분명히 들었지? 나한테 카드 값 내일 당장 가져와. 돈 가져오지 않으면 경찰서에 신고해 버릴 테다. 이 나쁜 놈아!"

태현이는 영어 학원 수업을 마치고 집에 오는 차 안에서도 영태한테 화를 냈습니다.

"내일 꼭 돈 갚아야 해. 안 그러면 경찰서에 신고할 거야!"

영태는 얼굴이 하얗게 질려서 부들부들 떨었습니다.

"넌 우리 삼촌한테 혼났다. 우리 삼촌은 아주 무섭거든. 너를 혼내 주러 학교에 찾아올 수도 있어!"

태현이는 화가 나서 영태를 계속 괴롭혔습니다. 그래도 분이 풀리지 않아 집에 와서도 씩씩거렸습니다.

"뭐 때문에 우리 막내가 또 화가 났을까?"

큰누나가 슬쩍 물어보았습니다. 그러자 태현이는 기다렸다는 듯이 영태가 한 일을 고자질했습니다.

"어이쿠!"

큰누나는 긴 한숨을 내쉬었습니다.

"영태라면 너를 좋아하는 귀엽게 생긴 아이 맞지? 명랑하고 재미있는 말도 잘하는 친구 말이야."

"그럼 뭐해. 내 소중한 카드를 망가뜨렸는데!"

큰누나는 태현이의 어깨에 팔을 두르며 말했습니다.

"태현아, 지금부터 누나가 하는 이야기 잘 들어."

지금은 고등학생이 된 큰누나가 중학교 때 겪었던 일입니다.

큰누나에게는 가장 친한 친구가 있었습니다. 그날도 큰누나는 그 친구랑 같이 걸어가고 있었습니다. 신호등이 빨간 불로 바뀌기 직전이라 급하게 뛰어가게 되었습니다. 그때 친구가 실수로 큰누나의 핸드폰을 툭 쳐서 땅에 떨어뜨리고 말았습니다. 핸드폰이 망가진 큰누나는 몹시 당황했습니다.

가장 친한 친구한테 수리비를 받을 일이 걱정스러워서 큰누나는 다른 친구한테 상의했습니다. 그러자 그 친구는 이렇게 충고했지요.

"돈을 안 줄 수도 있으니까 강하고 세게 나가야 해. 심한 욕도 섞어서 메시지를 보내면 효과가 있을걸!"

그 말을 곧이곧대로 들은 큰누나는 가장 친한 친구에게 그 방법을 써 먹었습니다. 심한 욕설을 섞어서 당장 수리비를 보내라고 강하게 나갔지요.

그 욕설이 너무 심해서 충격을 받은 친구는 수리비는 주었지만 그 뒤로 큰누나를 피하게 되었습니다. 돈은 받았지만 가장 친한 친구가 떠나 버렸습니다.

큰누나는 그 뒤로 그 친구를 우연히 길에서 보게 되면 무척 반가웠지만, 그 친구는 큰누나를 피해서 다른 길로 가 버렸습니다. 큰누나는 몹시 후회하면서 잘못을 깨달았습니다. 직접 때리는 것만 폭력인 줄 알았는데 그게 아니었습니다. 욕과 협박을 해서 언어로 상처 주는 일도 아주 큰 잘못이었지요.

큰누나는 중학교 시절에 가장 좋아하고 친했던 친구랑 멀어지게 된 일이 '돈'과 '욕' 때문이라고 말했습니다.

그 이야기를 들은 태현이는 깜짝 놀랐습니다.

'내가 정말 영태한테 너무 심했나?'

태현이는 며칠 전에 영태가 자신을 위해 반 위원인 오로아 앞에서 웃기는 노래와 춤을 추었던 기억이 떠올랐습니다.

'영태는 내가 우리 반 규칙을 어기지 않도록 그렇게 나서서 도와주었는데!'

태현이는 영태한테 심했다는 생각이 들었습니다.

"태현아, 삼촌이 사 준 그 카드는 네가 돈을 모으면 언젠가 또 살 수 있어. 하지만 좋은 친구를 잃어버리면 나중에 돈으로 살 수도 없잖아."

태현이는 큰누나의 말을 들으며 마음속 화가 서서히 가라앉았습니다.

"큰누나, 영태한테 돈은 받지 않아야겠어."

"우리 태현이가 큰누나보다 훨씬 낫다! 나처럼 친구를 잃어버리지 마."

다음 날, 학교에 가니 영태가 등교하지 않았습니다.

"태현아, 어제 영태랑 무슨 일이 있었는지 들려줄래?"

선생님이 심각한 표정으로 태현이를 불렀습니다.

태현이는 '아차' 싶었습니다. 태현이의 이야기를 다 들은 선생님이 알려 주었습니다.

"영태가 어제 집에 가자마자 부모님한테 돈이 급히 필요하다고 하면서 막 울었단다."

태현이가 영태한테 카드 값을 가져오지 않으면 경찰에게 신고한다고 했으니, 꼭 전해야 했을 것입니다.

"부모님이 너무 놀라셔서 전화를 하셨어. 영태는 큰 충격을 받아 몸살이 나는 바람에 아직도 아파 누워 있단다."

선생님은 태현이의 눈을 똑바로 보면서 물었습니다.

"영태 말로는 태현이가 카드를 찢었다고 하던데."

"네, 맞아요. 너무 화가 났었어요. 가짜가 아닌데 가짜 같다고 의심하잖아요. 삼촌이 사 준 엄청 비싼 카드인데요."

"화가 난 원인은 결국 '의심받은 일'이랑 '돈' 때문이었구나."

"네."

태현이는 목소리가 점점 기어들었습니다.

"학교에 게임 카드는 못 가져오게 되어 있는 규칙 알고 있었지? 몰래 책가방에 카드를 넣어 가져온 것부터 잘못한 거야."

선생님의 이야기를 들으며 태현이는 거북이처럼 고개를 움츠렸습니다.

"선생님, 어제 큰누나가 친구한테 너무 심했다고 했어요. 영태한테 잘못한 거 같아요."

"정말로 그렇게 생각해?"

"아무리 화가 나도 돈을 안 갚으면 경찰서에 신고한다고 한 건 잘못한 일이에요. 큰누나가 돈은 열심히 모으면 또 생기지만, 친구는 돈으로 살 수 없는 거래요."

"큰누나가 정말 고맙구나! 선생님이 하고 싶은 중요한 이야기를 모두 해 주었어."

선생님은 태현이가 잘못을 깨달았으니 영태 부모님과 태현이 부모님한테 이야기를 잘해 주겠다고 했습니다.

선생님한테 이야기를 들은 태현이 부모님은 깜짝 놀랐습니다.

"태현아, 너 영태한테 정말 큰 실수를 한 거야!"

아빠랑 엄마는 엄하게 꾸짖었습니다. 삼촌까지 덩달아 혼나고 말았습니다. 아무리 조카가 귀여워도 그렇지, 그렇게 비싼 선물은 사 주면 안 된다고요.

태현이는 정말 영태한테 돈을 받을 마음이 없어졌습니다.

이튿날 선생님이 태현이에게 말했습니다.

"그래도 영태한테 욕하고 협박한 잘못이 남아 있단다. '우리 반 규칙'을 기억하고 있지?"

"규칙 1번을 어겼어요."

태현이가 고개를 푹 숙인 채 대답했습니다.

태현이는 선생님과 반 아이들이 다 보는 앞에 나갔습니다.

"우리 반 규칙 1번을 어겼습니다. 영태한테 정말 큰 잘못을

했습니다. 영태한테 다시는 욕이나 협박을 하지 않겠습니다."

태현이는 '우리 반 규칙'이 붙여진 게시판 앞에 서서 큰 소리로 엄숙하게 말했습니다. 그러자 반 위원인 오로아가 희한한 음악을 틀어 주었습니다. 할아버지와 할머니가 좋아하는 트로트 음악이 나왔습니다. 쿵짝쿵짝 소리가 요란한 음악이었습니다.

'에라, 모르겠다!'

태현이는 텔레비전에서 가끔 본 할머니들이 추는 춤을 흉내 냈습니다. 두 팔을 어깨 위로 올리면서 얼씨구절씨구 춤을 추었습니다.

"선생님, 저도 춤을 출게요. 태현이 카드를 만지다가 땅에 떨어뜨린 건 제 잘못이니까요."

누가 시키지도 않았는데 영태가 앞으로 달려 나왔습니다.

영태는 태현이 옆에 서서 같이 춤을 추었습니다. 자기가 좋아하는 로봇 춤을 추었지요.

"춤은 내 담당이지!"

태현이는 영태가 곁에 서서 함께 춤을 추는 바람에 덜 부끄러웠습니다. 자신을 용서해 준 영태가 정말 고마웠습니다.

3. 뒷담화와 거짓말은 우정을 깨뜨려요!

도미솔은 유치원에 다닐 때 별명이 '투덜이 스머프'입니다. 늘 투덜거리며 우는 소리를 잘해서 생긴 별명입니다. 그러다 3학년 때부터 별명이 바뀌었습니다.

"징징이 왔다!"

남자아이들은 대놓고 '징징이'라고 불렀습니다.

"도미솔은 '징징이 바이러스'를 막 뿌리고 다녀!"

"만날 짜증 난다, 재수 없다, 뭐든지 싫다고 징징거리니까. 짝이 되면 온종일 그 소리를 들어서 얼마나 기분이 나쁘다고!"

아이들은 미솔이를 별로 좋아하지 않았습니다. 그러다 4학년이 되었습니다.

4학년이 된 미솔이는 부쩍 외모에 신경을 썼습니다. 학교에 가지 않는 토요일 아침에도 거울 앞에서 투덜거렸습니다.

"히잉, 눈이 또 퉁퉁 부었잖아. 안경을 써서 눈이 점점 작아지고 있잖아."

나쁜 일은 다 엄마 탓 같았습니다.

"엄마 눈을 닮아서 그래. 엄마가 눈이 나쁘니까 나까지 눈이 나쁘잖아!"

긴 머리가 자부심인 미솔이는 아침마다 머리 모양을 바꾸었습니다. 머리를 양 갈래로 땋았다가, 토끼처럼 양쪽으로 묶었다가, 뒤로 하나로 묶었다가 했습니다. 오늘따라 눈이 퉁퉁 부어서 그런지 머리 모양이 나 어울리지 않았습니다.

"미솔아, 여태 자고 있니?"

엄마가 방문을 열었습니다.

"머리 좀 묶고요."

미솔이는 계속 머리를 풀었다 묶었다 하였습니다.

"미솔아, 도저히 못 참겠다. 당장 미용실에 가자."

미솔이는 엄마의 말에 귀가 솔깃했습니다. 미용실에 가서 좋아하는 아이돌 여가수처럼 머리 스타일을 해 보고 싶었습니다.

하지만 그건 미솔이의 착각이었습니다. 미용실에 들어간 엄마는 미솔이의 의견은 묻지도 않고 결정해 버렸습니다.

"단발로 깔끔하게 잘라 주세요. 아침마다 거울 앞에서 머리 붙들고 한바탕 쇼를 한다니까요."

엄마의 말을 들은 원장님이 재미있다는 듯이 깔깔 웃었습니다.

"이런, 따님이 벌써 사춘기가 왔네!"

"하나도 반갑지 않아요. 사춘기가 빨리 오는 건."

미솔이는 신경도 쓰지 않고 엄마랑 원장님은 대화를 나누었습니다.

미솔이는 질색을 하며 단발머리는 싫다고 말하려고 했습니다.

바로 그때였습니다. 미솔이의 귓가에 소름 끼치는 소리가 들렸습니다.

싹둑!

순식간에 미용실 바닥에

새까만 머리카락이 낙엽처럼 우수수 떨어졌습니다.

"앗!"

거울에 비치는 단발머리 모습은 낯설고 뻘쭘했습니다. 머리카락이 묶을 수도 없을 만큼 짧아졌습니다.

"어때요. 따님이 훨씬 귀엽고 똘망똘망해 보이죠?"

원장님은 미솔이가 아니라 엄마한테 물었습니다.

"그렇네요. 이제 아침마다 편하고 좋겠어요!"

원장님과 엄마는 죽이 척척 맞았습니다.

'뭐야, 만날 엄마는 자기 뜻대로만 하고!'

미솔이는 눈시울이 뜨거워졌습니다.

'내가 머리를 기르느라 얼마나 애썼는데!'

미솔이는 화가 났지만 엄마가 무서워서 아무 말도 하지 못했습니다. 대신 미용실을 나올 때 원장님한테 인사도 하지 않았습니다.

"망했어!"

미솔이는 그동안 애지중지 모은 예쁜 고무줄과 방울을 모두 버렸습니다.

다음 날, 학교에 가는데 신발에 큰 돌멩이가 들어간 것처럼 불편했습니다.

'아이들이 내 머리 보고 이상하다고 놀리면 어떻게 하지!'

가슴이 조마조마했습니다.

교실에 들어가는 순간, 최단비가 가장 먼저 아는 척을 했습니다.

"미솔아, 너 머리 잘랐구나! 너무 귀여운 거 아냐?"

미솔이는 명랑하고 활발한 최단비를 무척 좋아했습니다. 최단비가 해 주는 말에 얼어붙었던 마음이 사르르 녹았습니다.

"엄마가 미용실에 데려가서 억지로 자른 거 있지. 그 미용실 원장님은 나한테는 묻지도 않고 엄마 눈치만 살살 본다, 웃기지?"

미솔이는 단비에게 고자질하듯 말했습니다.

"지금이 훨씬 예쁜데, 뭘."

단비가 미솔이를 우쭈쭈 하듯이 달랬습니다.

"정말이니? 후후."

미솔이는 기분이 좋아서 소리 내어 웃었습니다. 마침 그 옆을 지나가던 천우주가 별안간 호들갑을 떨었습니다.

"우아, 소름!"

천우주의 목소리는 확성기에 대고 말하는 것처럼 크게 들렸습니다.

"왜, 뭐?"

박태현이 궁금해서 물었습니다.

"도미솔이 웃고 있었어. 이렇게!"

천우주는 입꼬리를 양 손가락으로 귀 밑까지 올리며 억지로 웃는 표정을 만들었습니다.

"대박 사건! 징징이 도미솔이 진짜 웃었다고?"

"우는 게 아니라 웃었다고?"

"어디, 어디."

짓궂은 남자아이들은 키득키득 웃었습니다. 그러곤 무슨 구경이 난 것처럼 미솔이를 쳐다보았습니다.

미솔이는 울상이 되었습니다. 그러자 단비가 발끈해서 말했

습니다.

"우리 반 규칙 2번!"

단비가 큰 소리로 외쳤습니다.

"친구가 싫어하는 별명은 부르지 않는다!"

그 말을 들은 아이들이 찔끔해서 자리를 떠났습니다.

'역시 단비는 멋진 애야!'

미솔이는 자신을 위해 나서는 단비가 든든하고 좋았습니다.

"단비야, 수업 끝나고 우리 떡볶이 먹으러 갈래?"

학교 앞에는 맛있는 떡볶이랑 와플을 파는 작은 분식집이 있습니다.

"로아도 같이 가자!"

단비가 생긋 웃으며 말했습니다.

단비에게는 이미 단짝 친구가 있었습니다. 바로 오로아입니다.

'오로아만 없으면 내가 단짝인데!'

미솔이는 오로아가 얄미웠습니다. 지난주 청소 시간에 있었던 일이 떠올랐습니다.

"미솔아!"

갑자기 오로아가 불렀습니다. 그러곤 창가의 화분들을 가리켰습니다.

"네가 우리 반 '식물관리사' 맞지?"

미솔이는 화분에 물 주는 일을 며칠째 깜박했습니다. 창가 화분의 흙이 바싹 말라 있었습니다.

"지금 물 주려고 했거든."

미솔이는 물뿌리개를 들고 와 창가에 있는 화분들에 물을 주기 시작했습니다. 화분에 물을 한 번 줄 때마다 한숨을 몇 번씩 내쉬었습니다.

"아, 열받아! 아이들 앞에서 큰소리로 지적하고 있어. 진짜 짜증 나게."

사실 '반 위원'을 하고 싶었지만, 아이들이

오로아를 추천하는 바람에 못 한 미솔이는 오로아한테 무엇인가를 빼앗겼다는 생각이 늘 들었습니다.

"오로아 사 줄 돈은 없어."

미솔이는 내키지 않는 마음을 에둘러 말했습니다.

"나 오늘 용돈 받았어. 그래서 너랑 로아랑 다 사 줄 수 있어."

단비가 너그럽게 말하는 통에 미솔이는 더는 말할 수 없었습니다.

"이 떡볶이 맛없어. 딴 거 시킬걸!"

미솔이는 괜히 떡볶이에 화풀이를 했습니다. 로아가 먹고 싶어서 시킨 '치즈 떡볶이'였기 때문입니다.

"넌 치즈를 싫어하는구나. 우린 좋아하는데."

단비가 담담하게 말했습니다. '우리'라는 말에 자신만 빠진

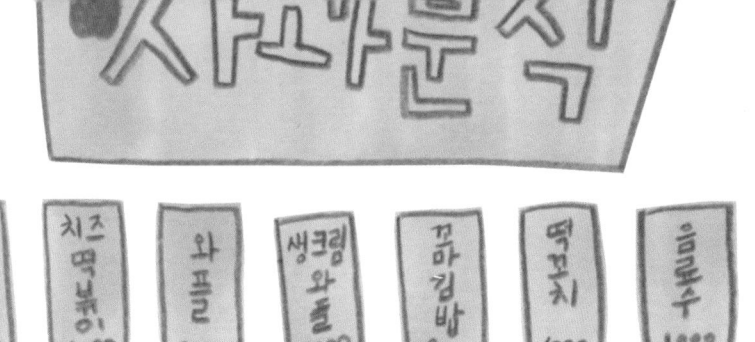

것이 거슬렸습니다.

"아이, 짜증 나! 이게 다 엄마 때문이야. 엄마는 왜 용돈을 안 주는지 몰라."

미솔이는 계속 투덜거렸습니다.

"그럼, 와플 먹어."

로아가 와플을 단비 앞에 놓아 주었습니다.

"나, 이거 싫어!"

미솔이가 단호하게 말했습니다.

"후유!"

단비가 살짝 지친 듯이 한숨을 내쉬었습니다.

"심지어 단무지도 맛없어."

"미솔이는 입맛이 까다롭구나. 난 다 맛있는데!"

미솔이가 하는 말을 듣고 있던 로아는 눈이 동그래진 채 답했습니다.

"아, 그냥 먹어."

단비가 귀찮다는 듯이 말했습니다. 분위기가 싸해졌습니다.

'오로아, 너랑 같이 있어서 내 입맛이 뚝 떨어진 거야!'

미솔이는 속으로 말했습니다.

'정말 오로아는 도움이 안 돼!'

오로아랑 같은 모둠까지 된 미솔이는 약이 바짝 올랐습니다.

"야, 오로아! 필통 좀 치워."

"아, 짜증 나! 여기에 공책 좀 놓지 마."

미솔이는 책상 위에 놓인 로아의 필통과 물건이 놓여 있는 자리를 다 바꾸었습니다.

미솔이가 로아의 필통이랑 책이랑 공책을 제멋대로 만지자 로아도 은근히 화가 났습니다. 로아는 말없이 미솔이를 날카롭게 쳐다봤습니다. 미솔이는 자리에서 벌떡 일어나 책상에 앉아 컴퓨터로 서류 작업을 하는 선생님한테 다가갔습니다.

"선생님, 저 너무 힘들어요."

미솔이는 눈물을 글썽거리며 말했습니다. 짝인 로아가 자신을 차갑게 째려보고 무시한다고 말했습니다.

"로아가?"

선생님이 로아를 보며 고개를 갸우뚱했습니다. 그 순간, 선생님의 눈과 로아의 눈이 딱 마주쳤습니다.

"쟤, 또 선생님 앞에서 불쌍한 척 연기하고 있네."

작년에도 미솔이랑 같은 반이었던 수아가 말했습니다.

"로아야, 너 조심해야 될 것 같아!"

그 말을 들은 로아는 가슴이 두근두근했습니다.

아무래도 선생님한테 미솔이가 뭔가 나쁜 이야기를 전하는 눈치였습니다.

"미솔아, 나중에 이야기하자. 선생님이 기억하고 있을게."

선생님이 중간에 말을 끊었습니다.

자리에 돌아오면서 미솔이는 로아를 매섭게 째려보았습니다.

'왜 자꾸 나한테 화를 내는 거야?'

로아는 미솔이의 마음을 알 수 없었습니다.

한편 미솔이는 선생님이 자신의 편을 들어 주지 않자, 더욱 오로아가 미워졌습니다. 항상 단비 옆에 오로아가 붙어 있어서 둘 사이에 방해가 된다고 여겼습니다.

"단비야, 문구점에 같이 갈래? 내가 뭐 사 줄게."

"그럼, 로아도 같이 가자."

단비는 늘 로아를 챙겼고 그때마다 미솔이는 김이 팍 샜습니다.

'도저히 안 되겠어. 단비가 로아를 너무 좋아해서 탈이야!'

미솔이는 자신이 곤란하거나 싫은 상황이 오면 거짓말을 하는 버릇이 있었습니다. 집에서 엄마한테 혼나기 싫을 때마다 쓰던 방법이지요.

미솔이는 로아가 단비에 대해 나쁜 말을 하고 다닌다는 소문을 퍼뜨렸습니다. 급식을 먹으러 가다가, 화장실에 가다가, 영어 학원이나 수학 학원에 가다가 만나는 아이들에게 말했습니다. 오로아에게 얄미운 마음이 커서 하나도 미안하지 않았습니다.

"있잖아. 오로아가 단비랑 정말 친해 보이잖아. 근데 그게 아니었어."

"단비가 잘난 척하고 나대는 꼴이 보기 싫다고 했어. 내가 진짜 똑똑히 들었어."

"단비는 정말 안 됐어. 단짝이라고 믿는 오로아가 뒷담화하고 다니는 걸 전혀 모르잖아."

좋은 이야기는 천천히 퍼지지만, 나쁜 이야기는 금세 퍼집니다. 고기 굽는 연기처럼 냄새를 솔솔 풍기면서 말입니다.

마침내 단비 귀에 그 소문이 들어갔습니다. 단비한테 그 이야기를 전하는 아이 옆에서 미솔이는 시치미를 떼고 있었습니다.

"오로아가 뒷담화를 그렇게 많이 하고 다닌대. 단비야, 네 욕도 만만치 않게 하고 다닌대. 최단비 나대는 꼴 보기 싫다고."

"로아가?"

단비가 믿을 수 없다는 표정을 짓자 미솔이가 끼어들었습니다.

"나도 몇 번 들었어."

단비는 소문을 전한 아이에게 말했습니다.

"너, 그런 이야기 나한테 전하면 안 돼."

그러더니 단비는 자리에서 벌떡 일어나 로아에게 다가갔습니다.

"로아야, 정말 네가 그런 말했어?"

단비가 거침없이 물었습니다. 그러자 로아의 표정이 차갑게 굳었습니다.

"난 그런 말한 적 없어. 도대체 누가 그런 거짓말을 해?"

로아는 억울한 일은 가만히 있을 수 없다고 했습니다.

"선생님께 말씀드리자."

단비가 말했습니다.

"좋아."

로아는 단비와 함께 선생님을 찾아갔습니다. 선생님은 심각한 표정으로 귀를 기울였습니다. 소문을 전한 아이부터 불러서 어디에서 들었는지 추적했습니다. 결국 증거를 모으는 과정에서 미솔이는 꼬리를 잡히고 말았습니다.

"오로아, 거짓말하지 마. 네가 나한테 단비 흉 봤잖아."

미솔이는 오히려 딱 잡아뗐습니다.

"내가? 정확히 말해 줘. 언제, 어디에서?"

로아는 눈물을 흘리는 미솔이에게 야무지게 말했습니다.

"분명히 들었거든. 네가 그때 떡볶이 먹을 때, 단비가 화장실에 간 사이에 말했거든."

"난 단비에 관해 나쁜 말을 한 적이 없어."

둘이서 팽팽하게 맞섰습니다. 그러자, 선생님이 오한솔을 불렀습니다.

"마음 변호사가 필요해졌어! 마음 변호사가 되어 로아랑 미솔이의 이야기를 듣고 다시 선생님한테 네 의견을 들려주어야겠다."

졸지에 '마음 변호사' 일을 하게 된 오한솔은 당황했습니다.

"헐!"

가방에 달린 '하마 인형'을 보다가 민지가 생각났습니다. 오한솔은 당장 민지에게 연락했습니다.

"마음 변호사를 맡았다고? 뒷담화와 거짓말은 우정을 최악으로 만드는 행동이야. 흔히 벌어지지만 정말 나쁜 일이야."

민지는 오한솔에게 조언을 해 주었습니다.

"누가 거짓말을 하고 있는 것 같아? 우선 두 친구 중에 한 명은 분명히 거짓말을 하고 있는 거야. 거짓말하는 아이는 끝까지 시치미를 뗄 거야. 그러니까 확실한 증거를 모아야 해. 그리고 거짓말한 이유도 꼭 찾아야 하고."

오한솔은 로아랑 미솔이에 대해 아이들에게 물어보았습니다. '마음 변호사'가 되어 묻는 거라, 아이들이 대답을 피하진 않았습니다.

"오로아가 거짓말하는 건 보지 못했어. 너무 바른 말을 잘해서 탈이지."

"로아는 장난을 치거나 농담을 하지 않아서 좀 재미가 없는 편이야."

"최단비랑 병설 유치원 다닐 때부터 엄청 친했어."

오로아에 대한 이야기는 대체로 비슷했습니다. 하지만 미솔이에 대한 이야기는 놀랍기만 했습니다.

"미솔이는 거짓말 천재야. 3학년 때에도 친한 아이들 사이를 나쁘게 만든 적이 있어."

"만날 엄마한테 불만이 많아서 학교에 와서 아이들한테 화풀이하는 것 같아. 투덜거리고 짜증이 많아서 옆에 있는 애들이 피곤해한다고."

"선생님 앞에서 눈물 흘리는 불쌍한 척도 아주 잘해."

작년에 같은 반이었던 수아가 다른 반 아이까지 데리고 와서 알려 주었습니다.

"미솔이가 내가 하지도 않은 말을 해서 난 단짝 친구랑 멀어졌어."

그 아이는 미솔이 때문에 친구를 잃은 일이 아직도 화가 난다고 했습니다.

오한솔은 오로아랑 도미솔을 같이 만났습니다. 선생님이 수업이 끝난 교실에서 셋이만 따로 만나게 해 주었습니다.

"내가 '마음 변호사'라서 너희들을 도와주어야 해. 나도 처음 하는 일이라 어색하고 불편하지만 말이야."

오한솔이 솔직하게 말했습니다.

"알고 있어. 네가 할 일을 해."

로아가 침착하게 말했습니다.

미솔이는 샐쭉한 표정으로 말했습니다.

"쳇, 네가 뭘 알아?"

오한솔은 그동안 조사한 내용을 다 말했습니다. 아이들이 두 친구에 대해 말했던 내용을 정리해서 읽어 주었습니다.

"도미솔, 네가 거짓말을 했을 거라는 의견이 많았어. 전에 있었던 일들도 증거가 되었고. 근데 왜 거짓말을 했는지 그 이유가 중요하잖아."

미솔이는 숨을 거칠게 내쉬었습니다. 얼굴이 붉으락푸르락해졌지요.

"단짝 친구가 필요했던 거니? 넌 친구가 필요해서 거짓말을 했던 거지? 전에도, 지금도 말이야."

오한솔이 하는 말을 들은 미솔이는 깜짝 놀랐습니다. 아픈 진실을 콕 찔렸으니까요.

"근데 말이야. 결국은 진실이 밝혀지니까 뒷담화는 좋은 방법이 아닐 거야. 거짓말과 뒷담화를 자꾸 하는 친구를 믿을 수는 없잖아. 단짝은 믿을 수 있는 친구가 되는 거잖아. 안 그래?"

그 말은 민지가 알려 준 것이었습니다. 오한솔은 민지가 알려 준 말을 전할 뿐이었습니다.

"오로아는 뒷담화를 하지 않았고 거짓말도 하지 않았어. 이번 일은 오로아가 억울하게 피해를 보았으니까 공개적으로 사과를 받아야 해."

로아는 고개를 크게 끄덕였습니다. 마음이 푹 놓이는 듯이 한숨도 내쉬었습니다.

"미솔아, 난 유치원에 다닐 때부터 단비랑 친했어. 그러니까 네가 늦게 나타나서 친구가 된 거라고. 속상하면 내가 더 속상할 수 있었어. 하지만 난 셋이 친해도 좋다고 생각했어. 둘보다 셋이 더 재미있고 좋을 수도 있다고 생각했는데······."

미솔이는 꿀 먹은 벙어리처럼 아무 말도 하지 못했습니다. 얼굴이 새빨개져서 눈물만 뚝뚝 떨어뜨렸습니다. 그러다 말없이 자리에서 일어나 교실을 나가 버렸습니다.

"오한솔, 고마워!"

로아가 말했습니다. 오한솔은 마음이 따스해지면서 보람을 느꼈습니다.

다음 날, 오한솔은 선생님한테 모든 이야기를 다 전했습니다.

선생님이 미솔이를 따로 불러서 한참 동안 이야기를 나누었습니다.

"미솔아, 단비가 만약 네 뒷담화를 하고 다니고 거짓말을 잘하는 친구였다면 네가 좋아했을까?"

"단비는 절대 그렇게 할 아이가 아니에요."

"그렇다면, 미솔이도 단비처럼 좋은 친구가 되어 줘. 뒷담화하고 친구의 험담을 거짓말로 퍼뜨리면 친구들이 모두 떠나 버린단다. 혼자가 되어 외로울 거야."

미솔이는 로아에게 공개적으로 사과하기로 결심했습니다. 그래서 반 아이들 앞에 나가서 미솔이는 편지를 읽었습니다. 로아와 단비한테 진심으로 사과하는 내용이었습니다.

"다시는 거짓말하거나 험담을 퍼뜨리지 않겠습니다. 로아에게 큰 상처를 주었고 여러분을 속여서 정말 죄송합니다."

미솔이는 부끄럽고 두려웠지만, 혼자가 되거나 외로워지는 일은 더 무섭고 싫었습니다.

"누구나 실수를 하고 가다가 넘어질 때가 있어요. 미솔이가 용기를 내어 잘못을 고백하고 친구에게 사과했으니 이제 용서해 주면 좋겠어요. 로아야, 미솔이를 용서해 줄 수 있겠어?"

선생님이 물었습니다.

"앞으로 지켜볼게요. 하지만 미솔이를 미워하고 뒷담화하는 일은 없을 거예요."

로아가 솔직하게 말했습니다.

최단비도 고개를 같이 끄덕였습니다. 미솔이를 바라보는 단비의 눈빛은 예전과 달랐지만, 미솔이는 여전히 단비가 좋았습니다.

4. 나쁜 뜻을 지닌 별명은 절대 안 돼요!

"3교시 수업은 수학 시간입니다."

벽시계를 보다 자리에서 벌떡 일어난 천우주는 또랑또랑한 목소리로 말했습니다. 반에서 '시간 지킴이'를 맡았기 때문에 다음 수업 시간 및 과목을 알려 주는 일을 하고 있습니다.

"우주가 정확하게 '시간 지킴이'를 잘하네."

선생님이 칭찬하자 천우주는 헤벌쭉 웃었습니다.

천우주는 선생님 앞에서 보이는 모습과 선생님 뒤에서 행동하는 모습이 달랐습니다. 선생님은 우주가 항상 점잖은 아이인 줄 알았습니다. 만약 선생님이 등 뒤에 눈이 달렸다면 깜짝 놀랐을 겁니다.

선생님이 등을 돌리고 있으면 우주의 표정은 금세 달라집니다. 씩 웃으면서 장난꾸러기처럼 눈빛이 반짝거리지요. 모둠 아이들의 필통을 모아 탑을 쌓았습니다. 필통이 무너지면 이번엔 책을 세워서 탑을 쌓았고요. 그러다 또 지우개를 모아서 탑처럼 겹겹이 올리기도 했습니다. 아이들이 킥킥 웃으면 집게손가락을 입술에 대고 "쉿!" 하면서 조심시켰습니다.

그러다 선생님이 돌아서면, 언제 탑 놀이를 했냐는 듯이 헛기침을 작게 하면서 똑바로 앉았습니다. 오히려 여전히 웃고 있는 우주의 짝이 선생님한테 지적을 당했습니다.

"지금 왜 웃고 있지?"

우주는 멀쩡한 척하고, 괜히 우주의 장난을 보다 웃던 아이만 주의를 받았습니다.

우주는 오늘도 선생님이 교실 문을 나가는 순간, "자유다!" 하며 좋아했습니다. 그러곤 맨 뒷자리에 앉아 있

는 태현이 곁으로 갔습니다.

태현이는 앞자리에 앉아 있는 아이의 머리를 향하여 콩알만 한 지우개를 던지고 있었습니다.

"뭐야!"

앞자리에 앉은 아이가 뒤돌아보자 태현이가 입술을 꽉 깨물고 사나운 표정을 지었습니다.

"쓰읍!"

방울뱀처럼 소리를 내자 그 아이는 찍소리도 못 하고 가만히 있었습니다.

그 모습을 본 우주가 큰 소리로 웃었습니다.

"으하하하하!"

우주가 재미있어 하자 태현이는 기세가 등등해져서 아예 본격적으로 장난을 시작했습니다.

태현이는 작은 지우개를 모아 놓고 아이들의 머리로 연거푸 던졌습니다. 지우개를 맞은 아이들이 뒤를 돌아볼 때마다 우주는 배를 움켜쥐고 까르르 웃었습니다. 태현이는 흐뭇한 미소를 지었습니다.

"또 누구한테 던질까?"

"영태한테 던져! 지금 바보처럼 멍 때리고 있잖아."

우주가 영태를 손가락으로 가리켰습니다. 그러자 태현이의 표정이 싹 돌변했습니다.

"야, 영태는 건드리지 마! 지난번에 우리 반 규칙 어겨서 내가 벌 받은 거 잊어버렸어?"

"아참! 미안, 깜박했어."

우주는 태현이의 눈치를 살피면서 목소리가 작아졌습니다.

급식 시간이 되었습니다. 하필이면 우주가 제일 먹기 싫어하는 호박나물과 콩자반이 나왔습니다.

"아, 짜증 나. 먹을 게 하나도 없어."

"돈가스랑 떡갈비는 왜 안 나와?"

태현이도 못마땅해서 툴툴거렸습니다. 여기저기서 아이들이 구시렁거렸습니다. 오직 한 아이만 밥이랑 반찬을 잘 먹고 있었습니다. 그 아이가 우주의 눈에 뜨이었습니다.

"우리 반에서 제일 쪼그맣고 삐쩍 마른 한민재가 웬일이야……"

우주는 신기해서 태현이에게 말했습니다. 그 말을 들은 태현이는 한민재가 밥을 먹는 모습을 지그시 보았습니다. 그러더니 콩자반을 먹고 있는 민재에게 다가가 물었지요.

"야, 토끼 똥처럼 생긴 반찬이 맛있냐?"

민재는 못 들은 척 밥을 계속 먹었습니다.

"왜 말이 없어? 대답하지 않으면 이제부터 네 이름은 '토끼 똥'이야. 알겠어?"

태현이는 민재의 코앞까지 얼굴을 바짝 들이대며 말했습니다. 그래도 민재는 표정 하나 달라지지 않았습니다. 자리에서 일어나 다 먹은 식판을 들고 앞으로 나갔습니다.

"어머나, 기특해라! 민재는 호박나물이랑 콩자반까지 골고루 먹었구나."

선생님이 민재에게 칭찬 스티커를 주었습니다. 그제야 민재는 싱긋 웃었습니다. 그 모습을 본 우주는 약이 올랐습니다.

"저 콩알만 한 녀석이 선생님한테 잘 보이려고!"

오늘따라 5월의 햇살이 너무 따스해 잠이 소르르 왔습니다.

아직 점심시간이 다 끝나지 않았지만 우주는 꾸벅꾸벅 졸기 시작했습니다.

"위이이잉!"

커다란 말벌이 교실에 들어왔습니다.

"엄마야!"

"으악!"

아이들이 소리를 지르는 바람에 우주는 눈을 번쩍 뜨게 되었습니다.

"벌이 벽에 붙었다!"

누군가 큰 소리로 외쳤습니다. 말벌이 공중회전을 뱅뱅 돌다가 복도 창가랑 붙어 있는 벽에 앉았습니다.

"다들 가만히 있어!"

"움직이면 안 돼."

반 위원을 맡은 오로아랑 김민석이 아이들에게 조용히 하라고 했습니다. 우주는 머릿속이 하얗게 되었습니다. 유치원 시절 할아버지 산소에 갔다가 벌에 쏘여 응급실에 간 뒤로 우주는 벌이 세상에서 가장 무서웠습니다.

"으으윽."

우주는 공포로 얼어붙었습니다.

"세스콤 누구야? 세스콤 출동!"

최단비가 큰 소리로 외쳤습니다.

"한민재, 할 수 있겠어?"

오로아가 한민재에게 물었습니다.

'으윽, 무서워!'

우주는 눈물이 나오기 직전이었습니다. 저런 콩알만 한 한민재가 세스콤을 왜 맡았는지 알 수가 없었습니다.

"잠깐만 기다려."

한민재가 가방에서 면장갑을 꺼내 끼었습니다. 그러더니 웬 코미디처럼 얼굴에 '스파이더맨' 가면까지 썼습니다. 그러자 무서움에 떨던 아이들이 웃음을 터뜨렸습니다.

"쟤, 지금 뭐 하는 거야?"

"벌에 쏘일까 봐 그러겠지."

한민재는 스파이더맨 가면을 쓴 채로 모기약 통을 들고 말벌 곁으로 다가갔습니다. 그러자 아이들이 숨을 죽이고 민재를 주시했습니다. 벌이랑 가까운 거리에 있는 우주와 다른 아이들은 덜덜 떨었습니다.

한민재가 발소리를 죽이고 벽으로 다가가는 순간 말벌이 위이잉 날아올랐습니다. 한민재는 모기약을 치이익 뿌리면서 쫓아갔습니다. 말벌과 민재가 지나가는 순간, 아이들은 순식간에 일어나 교실 밖으로 도망갔습니다.

어느새 열린 창문 밖으로 말벌은 날아갔습니다.

"이제 괜찮아."

어느새 '스파이더맨' 가면을 벗은 민재가 복도로 나와 태연하게 말했습니다.

"후유, 살았다!"

"한민재는 말벌도 안 무서워 해."

"대단하다! 진짜 세스콤 같아."

아이들이 민재를 다시 보았다는 듯이 한마디씩 했습니다.

"한민재, 너 좀 멋있었다. 토끼 똥이란 말 취소!"

태현이까지 민재를 향해 엄지손을 치켜올리며 환하게 웃었습니다.

교무실에 다녀오던 선생님이 복도에 나와 있는 아이들을 보고 눈이 휘둥그레졌습니다.

"말벌이 나타났는데 세스콤이 해결했어요."

로아랑 단비가 선생님 곁으로 다가가 말했습니다.

"민재는 괜찮고?"

"네."

민재가 선생님을 향해 빙긋 웃었습니다.

'저 얄미운 자식! 또 선생님 칭찬받게 생겼네.'

우주는 민재가 주는 것 없이 얄미웠습니다. 게다가 태현이까지 민재를 인정하자 속이 부글부글 끓어올랐습니다.

며칠 뒤 한민재가 초록색 테를 두른 안경을 쓰고 학교에 왔습니다. 눈이 나빠졌기 때문이지요. 민재의 안경을 본 우주는 장난기가 올라왔습니다.

"나, 저 안경 많이 봤는데. 어디서 봤더라?"

우주가 큰 소리로 말하자 아이들이 힐끔 쳐다보았습니다. 민재는 오른손으로 말없이 안경을 만지작거렸습니다.

"아하! 영화에 나오는 잔인한 악당 두목이 쓴 안경이랑 똑같네."

우주는 자기가 말해 놓고 낄낄 웃었습니다.

"우하하하."

"천우주, 너야말로 안경 써야겠다. 눈이 이상해진 거 같아."

최단비가 의아한 표정으로 말했습니다.

"그건 단비 말이 맞아. 악당 두목이 저런 귀여운 스타일의

안경을 쓰진 않지."

로아까지 맞장구를 쳤습니다. 아이들이 호응해 주지 않자 우주는 입맛이 썼습니다.

아무래도 '말벌 사건' 이후로 한민재를 아이들이 좋게 생각하는 것 같았습니다.

'재수 없어. 한민재, 너 두고 봐.'

살짝 더워진 6월의 국어 시간이었습니다. '사전 찾기 활동'을 할 때였지요. 마침 한민재랑 같은 모둠이 된 우주는 이때다 싶었습니다. 한민재를 약 올릴 만한 낱말들을 머릿속으로 궁리했습니다. 먼저 사전에서 '사이코'를 찾았습니다. 그 다음엔 '범죄자'와 '정신병자'도 찾았지요.

"한민재, 잘 들어 봐."

우주는 실실 웃으면서 사전에서 찾은 낱말과 그 뜻을 읽어 주었습니다. 다 읽은 뒤에는 킥킥 웃으면서 민재를 손가락으로 가리켰습니다.

"이게 다 너라고!"

"나라고?"

민재가 정색을 하고 물었습니다.

"흐흐흐, 어, 너야."

우주는 웃으며 고개를 크게 끄덕였습니다.

그때, 같은 모둠이 된 오한솔은 이 장면을 다 보고 있었습니다.

'앗, 저건 너무 심했다!'

오한솔은 속으로 당황했습니다. 가슴이 두근두근했습니다.

'둘이 저러다 싸우는 거 아냐? 그럼, 내가 또 '마음 변호사'를 해야 할 텐데.

특히 빈정거리고 심통이 있어 보이는 우주를 보면 오한솔은 불편했습니다. 예전에 '꽈배기 대장'이라 불리던 자신이 떠올랐기 때문입니다.

'정말 하마 인형 덕분에 나쁜 말을 조심하게 되었어.'

오한솔은 우주를 보면서 진짜 말을 함부로 하지 말아야겠다고 생각했습니다.

민재는 눈을 꼭 감았습니다. 어깨를 들먹이며 숨을 거칠게 내쉬면서 흥분을 가라앉히려고 애쓰는 모습이 역력했습니다.

'저러다 천우주도 나처럼 뭔 일이 생기겠는걸!'

오한솔은 우주가 저렇게 활짝 웃고 있을 때가 아니라고 생각했습니다.

오한솔의 짐작은 맞았습니다. 당장 다음 날 아침에 선생님이 심각한 표정으로 교실에 들어왔습니다.

"우주야, 선생님 좀 보자."

아침 조회 시간에 우주는 선생님과 함께 교무실에 갔습니다.

"어제, 국어 시간에 민재한테 입에 담기도 무서운 험한 말을 했다면서? 민재 어머니가 학교로 연락하셨어. 언어폭력을 신고하겠다고 말이야. 민재가 평소에 학교 이야기를 전혀 하지 않는데 어제는 화가 나서 울면서 엄마랑 아빠한테 다 말했다더구나."

우주는 너무나 놀랐습니다. 태현이가 '토끼 똥'이라고 놀려도 대놓고 화를 내지 않았던 민재가 그렇게 화를 낼 줄은 몰랐습니다.

"네가 민재한테 했던 그 나쁜 말들은 정말 마음에 큰 상처를 주는 폭력이란다."

선생님은 우주에게 사전에서 찾아내 민재를 놀렸던 낱말의 뜻을 다시 말해 보라고 했습니다. 우주는 갑자기 아무 생각도 나지 않았습니다. 기가 팍 죽어서 공책을 가져왔습니다. 떨리는 목소리로 낱말들의 뜻풀이를 읽었습니다.

"누가 너에게 '범죄자'나 '사이코' 혹은 '정신병자'라고 하면 어떨 것 같아?"

선생님이 엄숙한 표정으로 물었습니다.

"어, 싫, 싫을 거예요."

"그걸 알면서 어떻게 민재한테 심한 욕보다 더 고약하고 나쁜 뜻을 지닌 말을 할 수 있지?"

우주는 다리가 후들후들 떨렸습니다.

"그냥 재미로, 장난으로 한 거예요."

우주는 진심이 아니었다고 말했습니다.

"이미 너무 큰 잘못을 했어. 잘못을 사과하고 바로잡으려면 우주 네가 지금부터 하는 행동이 중요하단다."

"선생님, 어떻게 해야 해요?"

우주는 또 다른 걱정이 들어 가슴이 두근두근했습니다.

"선생님, 집에 가면 저 아빠한테 엄청 많이 맞을 거 같아요."

우주는 집에서 아빠를 가장 무서워했습니다. 아빠는 화가 나면 우주한테만 욕과 심한 말을 하는 게 아니었습니다. 엄마랑 여동생한테도 심한 욕을 하거나 화를 버럭 낼 때가 있었습니다.

"그래도 부모님이 아셔야 해. 가족이 함께 잘못을 해결해 나가야 한단다."

선생님이 우주의 집에 연락을 했습니다. 역시나 우주는 아빠한테 엄청 혼나고 엄마한테도 꾸중을 들었습니다.

우주랑 우주 부모님은 선생님과 함께 민재와 민재 부모님을 만나게 되었습니다. 민재 부모님은 다행히 우주의 심한 장난과 철없는 행동을 한 번은 용서해 주기로 했습니다.

"다시는 그런 나쁜 말을 재미로 해서는 안 돼!"

우주는 민재에게도 미안하다고 사과했습니다.

"민재야, 네가 말벌도 무서워하지 않고 또 태현이가 '토끼 똥'이라고 놀려도 태연해서 괜찮을 줄 알았어. 내가 생각이 짧았어. 정말 미안해."

"토끼 똥은 누구나 장난인 줄 알아. 하지만 범죄자랑 정신병자랑 사이코는 정말 나쁜 사람한테 하는 말이잖아!"

우주는 고개를 푹 숙이고 눈물을 흘리면서 계속 미안하다고 사과했습니다.

하지만 민재는 아무 대꾸도 하지 않았습니다.

"앞으로 조심해 줘. 우리 민재는 화를 잘 내지 않지만 한번 화가 나면 좀 오래 간단다."

민재 엄마가 대신 말했습니다.

다음 날, 학교에 간 우주는 칠판 앞에 섰습니다.

"우리 반 규칙 2번을 어겼습니다. 다시는 민재한테 끔찍한 별명을 붙이고 나쁜 말을 해서 상처를 주지 않겠습니다. 우리 반 친구한테 정말 잘못했습니다."

아이들의 눈빛이 너무 따가웠습니다. 눈이 부신 손전등 100개가 자신을 비추는 것만 같았습니다. 우주는 반주 없이 큰 소리로 노래를 불러야 했습니다. 세상에 태어나 이렇게 부끄러운 적은 없었습니다.

"아름다운 말 정겨운 말 다섯 글자 예쁜 말……."

5. 친구를 때리면 당연히 공개 사과해야지!

그날따라 태현이는 괜히 울컥하고 짜증이 났습니다. 대걸레로 복도를 닦는데 욕이 저절로 나왔습니다.

"씨발!"

하필이면 복도 유리창을 닦던 도미솔이 들었습니다.

"딱 걸렸어. 박태현 네가 욕하는 거 다 들었어."

도미솔은 오로아랑 최단비한테 쪼르르 달려가 고자질했습니다. 언제는 오로아를 욕하고 험담하며 다니더니 지금은 찰떡처럼 붙어 다닙니다. 아주 사이좋은 삼총사가 되어 태현이를 나란히 째려보았습니다.

'혼잣말도 못 하나?'

태현이는 딱히 누구를 겨냥해서 욕을 한 게 아니었습니다.

"태현아, 너 선생님한테 가야겠다. 욕했다면서!"

반에서 '교실 경찰관'을 맡은 훈이가 다가왔습니다. 태현이는 어이가 없었지만 마지못해 훈이를 따라갔습니다.

"태현아, 왜 욕을 했어?"

태현이는 시무룩한 표정으로 선생님한테 대답했습니다.

"혼잣말을 한 거예요. 누구한테 욕한 건 아니에요."

"왜 혼잣말로 욕을 했을까?"

"화가 나서요. 이유는 저도 모르겠어요."

태현이는 화난 이유를 설명하지 못했습니다. 자기감정을 자기도 모르겠다는 생각이 들었습니다.

선생님은 태현이의 얼굴을 유심히 살펴보았습니다.

"솔직하게 잘 말해 줬어. 태현이가 우리 반 규칙을 어겼지만, 욕을 누군가한테 한 건 아니니까 이번에만 용서할게. 하지만 앞으로 친구들이 들어서 속상할 욕은 하지 말자."

태현이는 안도의 한숨을 내쉬었습니다. 하마터면 또 아이들 앞에 나가서 끔찍한 춤을 출 뻔했습니다.

선생님은 그날 종례 시간에 갑자기 뜻밖의 숙제를 내주었습니다.

"모둠에게 내주는 숙제예요. '욕은 왜 나쁠까?'에 대해 다시 한번 알아보고 창체 시간에

나와서 발표하도록 해요."

6월이 되면서 '우리 반 규칙'을 은밀하게 어기는 아이들이 슬슬 나타나기 시작했습니다. 그래서 선생님은 이 기회에 다시 한번 아이들이 스스로 만든 규칙에 관해 진지하게 생각할 기회를 주고 싶었습니다.

드디어 창체 시간이 돌아왔습니다. 모둠장이 나와서 모둠에서 조사한 내용을 발표했습니다.

"욕을 계속 하거나 들을 경우에 우리 뇌가 어떻게 되는 줄 아세요?"

한민재가 발표를 하자 아이들이 어리둥절해 했습니다.

"전두엽이 위축되고 뇌에 부정적인 생각이 심어진다는 결과가 나왔어요. 욕을 하거나 들으면 다양한 어휘를 표현하는 능력이 떨어지고 자신의 감정을 잘 설명할 수 없게 된다는 연구 결과를 보여 드릴게요."

민재가 인터넷에서 찾은 연구 결과를 컴퓨터 화면으로 보여 주었습니다.

"우아!"

아이들은 탄식하면서 태현이를 슬쩍슬쩍 보았습니다. 얼마 전에 태현이가 혼잣말로 욕을 하고 나서, 자기가 왜 욕을 했는지 자기감정을 모른다고 했기 때문입니다.

"뭘 봐?"

태현이는 아이들이 자신을 쳐다보자 머쓱해서 볼멘소리를 했습니다.

이번엔 다른 모둠장인 훈이가 나와서 발표했습니다.

"욕하는 습관이 몸에 배면 갑자기 어떤 순간에 자기도 모르게 욕이 나올 수 있대요. 그래서 놀라거나 당황했을 때 자신도 모르게 실수로 욕을 할 수가 있다고 해요."

훈이도 인터넷에서 찾아낸 예화가 들어 있는 짧은 영상을 보여 주었습니다.

그 다음은 최단비의 차례였습니다. 단비는 앞에서 발표한 모둠과 달리 자신이 겪은 이야기를 들려주었습니다.

"저는 부끄럽지만 제 경험담을 들려드리겠습니다. 욕은 감염병 같은 '바이러스'를 가지고 있어요. 그래서 다른 사람한테도 옮기고 퍼뜨린다는 사실을 깨달았어요."

단비는 이모네 딸인 6살이 된 외사촌 동생을 가끔 돌보아 주는 '베이비시터' 일을 했습니다.

어릴 때부터 태권도를 배웠던 단비는 태권도장에 다니는 오빠들한테 욕을 배웠습니다. 거친 말을 입에 달고 다니는 오빠들을 자주 보고, 태권도 수업도 같이 듣다 보니까 욕이 입에 붙어 버렸습니다. 학교에서는 '우리 반 규칙' 때문에 항상 조심하지만, 학교 밖에서는 자기도 모르게 긴장이 풀려 버렸지요.

"동생이 옆에서 보고 있다는 사실을 깜박했어요. 친구들이랑 통화하거나 텔레비전을 보면서 혼잣말로 욕을 가끔 했나 봐요. 동생이 저한테 욕을 배운 거예요."

그러자 우주가 궁금해서 물었습니다.

"무슨 욕을 배웠어?"

"개빡치네."

유치원에 다니는 동생이 아빠랑 엄마랑 대화를 하다가 "개빡치네."라고 말해서 모두 깜짝 놀랐다고 단비가 말했습니다.

"동생은 욕인 줄도 모르고 저를 따라 한 거였어요. 그래서 이모한테 꾸중을 들었지요. 너무 창피했어요."

"단비야, 네 경험담을 들려줘서 고맙구나!"

선생님은 아이들이 욕의 나쁜 점을 잘 찾아냈다고 칭찬했습니다.

"우리가 함께 살아가는 세상에서 서로 마음을 주고받는 소통은 아주 중요해요. 선생님이 친구들한테나 다른 사람에게 우리 감정을 잘 표현하고 어휘력이 좋아질 수 있는 방법을 찾아보았어요."

선생님은 아이들한테 '감정 표현 카드'를 만들어 보자고 했습니다. 자신이 좋아하는 캐릭터를 찾아, 다양한 감정을 그 캐릭터의 표정으로 보여 주고 상황에 맞는 어휘도 써 보기로 했습니다.

"감정을 색깔로 표현한 그림책을 같이 소개해 줄게요."

선생님이 보여 주는 《컬러 몬스터》라는 그림책에 나오는 '컬러 몬스터'는 색깔로 자기감정을 나타냈습니다. 기쁨은 노란색, 슬픔은 파란색, 무서움은 검은색, 화는 빨간색, 평온함은 초록색으로 표현하지요.

"여러분의 '감정 표현 카드'를 만들어 봅시다."

아이들은 도화지에 좋아하는 캐릭터의 다양한 표정과 그 표정에 어울리는 낱말을 찾아 적는 작업을 했습니다.

'내가 좋아하는 '우주에서 온 고양이' 캐릭터로 그려야지!'

오한솔은 '우주에서 온 고양이'의 기쁜 얼굴, 슬픈 얼굴, 겁먹은 얼굴, 놀라는 얼굴, 화난 얼굴, 궁금해 하는 얼굴까지 그렸습니다. 표정 밑에다 감정도 낱말로 적었습니다.

"선생님, 다했어요."

오한솔이 만든 '감정 표현 카드'를 본 아이들 모두 감탄했습니다.

"오한솔이 한 걸 보니까 나도 만들 수 있겠어."

오한솔 덕분에 아이들은 거의 다 감정 표현 카드를 만들 수 있었습니다. 다만 태현이는 판다가 잘 그려지지 않아 애를

먹었습니다.

'에이, 집에 가서 만들어야지.'

하지만 태현이는 집에 가서는 까먹고 감정 카드를 완성하지 못했습니다.

선생님과 학급 친구들은 다음 날부터 일주일 동안 '감정 표현 카드'를 사용하는 기간으로 정했습니다. 아이들은 울컥하거나 욕을 하고 싶을 때엔 얼른 카드를 꺼내서 보여 주기로 했습니다.

'속에서 부글부글 끓어올라.' 혹은 '기분이 아주 언짢아.'라거나 '때리고 싶을 만큼 화가 나.'라는 말이 적혀 있는 카드를 보여 주기로 했습니다. 그러면 그 카드를 본 친구는 상대의 감정을 알아주고 조심하기로 약속했습니다.

처음에는 쑥스러웠지만 아이들은 '감정 표현 카드'를 보여 주면서 화가 스르르 풀리기도 했습니다. 카드에 그려진 캐릭터의 표정이 익살스럽거나 너무 못생겨 보여서 웃음 버튼을 누른 것처럼 될 때도 있었습니다.

"야, 이호진. 너는 우리 반 '탐정'이 되어 가지고 내 샤프도 아직 못 찾았냐?"

 태현이는 청소 시간에 호진이에게 다가가 따졌습니다. 대놓고 싸우자는 건 아니었습니다. 태현이한테 선물을 잘 사 주는 삼촌이 외국에서 근사한 샤프를 사다 주었습니다. 오늘 태현이가 그 샤프를 바지 주머니에 넣고 학교에 왔다가 그만 잃어버렸지요. 친구들에게 자랑하려고 갖고 오는 게 아니었습니다.

 "빨리 찾아내. 얼른."

 태현이는 발길로 호진이의 왼쪽 다리를 툭툭 찼습니다.

 "그만해. 호진이가 어떻게 알겠어? 네 샤프를 본 적도 없는데."

 우주가 옆에 와서 말렸지만 소용없었습니다.

 "아, 그냥 장난이야. 호진이한테 장난하는 거야."

 태현이는 오른쪽 입꼬리를 올리면서 웃는 척했지만 눈은 화가 나 있었습니다.

 "야, 엉터리 탐정! 빨리 찾아내."

 그러자 호진이는 책가방 속에 들어 있는 '감정 표현 카드'를 꺼냈습니다. 호랑이가 화를 내고 있는 표정이 그려진 카드에는 '나 불쾌해!'라고 적혀 있었습니다.

"지금 내 감정이야."

호진이가 감정 카드를 보여 주었지만 태현이는 아랑곳하지 않았습니다.

"그래서 어쩌라고. 네가 탐정이잖아."

여전히 태현이는 호진이의 다리에 발길질을 했습니다. 세게 차진 않았지만 그래도 툭툭 치는 모습이 영 거슬렸습니다.

"훈아, 교실 경찰관 출동해야겠다."

지켜보던 로아가 훈이를 불렀습니다.

"아까부터 보고 있었어."

훈이가 선생님한테 당장 가서 알렸습니다.

"태현이는 우리 반 규칙 4번을 어겼구나! 지금 여러분의 마음이 어떠한지 카드로 보여 줄 수 있나요?"

선생님이 큰 소리로 물었습니다. 그러자 아이들이 마치 약속이나 한 것처럼 '감정 표현 카드'를 꺼내 들었습니다. '화남'과 '언짢음'과 '놀라움'과 '실망'을 나타내는 낱말들을 들어 올렸습니다.

"헐!"

태현이는 큰 충격을 받았습니다. 얼굴에 모닥불을 얹은 것처럼 온몸이 뜨거워졌습니다.

다음 날, 태현이는 교실 게시판 앞에 나가 삼행시로 호진이에게 공개 사과를 했습니다. 너무 부끄러워서 도망가고 싶었지만 꾹 참고 했습니다.

"박!"

아이들이 운을 떼었습니다.

"박태현이 또 우리 반 규칙을 어겼습니다."

태현이가 고개를 푹 숙이고 말했습니다.

"태!"

아이들의 목소리가 더 커졌습니다.

"태양 보기가 부끄럽고 호진이에게 너무 잘못했습니다."

딱딱하던 호진이의 표정이 조금 누그러졌습니다.

"현!"

아이들이 마지막 운을 떼었습니다.

"현실에서 다시는 이런 잘못을 하지 않을 것을 굳게 맹세합니다."

태현이는 겨우 삼행시를 마쳤습니다. 식은땀이 이마에 맺히는 듯했습니다.

"호진아, 태현이의 공개 사과를 받아 줄래?"

선생님이 물었습니다. 호진이가 사과를 받아 주지 않으면 태현이는 새로운 삼행시로 다시 사과를 해야 합니다.

"네. 근데 박태현한테 꼭 할 말이 있어요."

호진이가 태현이를 똑바로 보며 말했습니다.

"난 공이 아니니까 다시는 발로 차지 말아 줘!"

호진이의 한마디는 강하고 짧았습니다. 아이들이 "우아!" 하며 탄성을 질렀습니다.

'아, 창피해!'

태현이는 쥐구멍에라도 들어가고 싶었습니다.

"미안해. 앞으로 다시는 그러지 않을게."

태현이는 작은 소리로 말했습니다. 그 어떤 꾸중이나 주먹보다 친구들의 따가운 눈빛이 무섭다는 사실을 깨달았습니다.

6. 아름다운 우리 말 온도계

처음 일주일 동안은 '감정 표현 카드'의 활약이 눈부셨습니다. 태현이가 '우리 반 규칙' 4번을 어겨서 삼행시로 공개 사과를 한 뒤에는 감정 표현 카드를 더욱 많이 사용했습니다.

특히 오한솔은 숨겨진 그림 실력을 인정받아 갑자기 바빠졌습니다. 자기 감정 카드가 마음에 들지 않는 아이 여러 명이 부탁했기 때문입니다.

"오한솔, 원숭이가 화난 표정 좀 그려 줄래."

"나도 좀 그려 주라."

아이들은 자신이 좋아하는 캐릭터로 그림을 쓱싹쓱싹 그려 주는 오한솔한테 감탄했습니다. 깐족거리는 말을 입에 달고 사는 도미솔까지 오한솔이 그려 준 카드에 만족했습니다.

"넌 마음 변호사가 아니라 '만화가'를 해야 했어."

그 말은 아주 큰 칭찬으로 들렸습니다.

하지만 감정 표현 카드는 반짝 인기가 되고 말았습니다. 시간이 흐를수록 감정 표현 카드를 사용하는 아이들이 줄었기 때문입니다.

"에잇, 카드를 집에 두고 왔어."

"내 카드는 벌써 찢어졌어."

"혹시 내 감정 카드 못 봤어?"

아이들이 카드를 잃어버리거나 카드가 찢어지는 일이 생겼습니다.

게다가 감정 표현 카드를 사용하며 아이들은 예전보다 감정 표현을 잘하게 되었습니다. 오히려 카드를 꺼내서 보여 주는 일이 귀찮아졌지요.

"그냥 말로 하는 게 더 편해요!"

선생님은 아이들에게 다른 방법을 찾아보자고 했습니다.

"앞으로 우리가 함께 보낼 시간이 많이 남아 있어요. 참 소중한 시간이랍니다. 흐지부지 규칙을 깨뜨리게 되면 우리 반은 평화롭지 못할 거예요."

학급 회의 시간이 돌아왔습니다. 로아가 반 친구들에게 의견을 물었습니다.

"우리 반 규칙을 잘 지킬 수 있는 좋은 방법이 있을까요? 우리가 정한 벌 받는 것 말고요."

아이들은 고개를 갸우뚱하며 생각에 잠겼습니다. 다른 반에도 친구가 많은 단비가 손을 번쩍 들었습니다.

"다른 반에 놀러 갔다가 봤는데요. '학급 온도계'라는 게 있었어요."

그 말을 들은 아이들이 웅성거렸습니다.

"학급 온도계가 뭔가요?"

"그러니까 '우리 반 규칙'과 비슷한 건데 규칙을 잘 지키면 빨간 온도계 눈금이 조금씩 올라가요. 온도가 100도가 되면 반에서 깜짝 파티를 하거나 모두가 꼭 하고 싶었던 걸 한대요."

"우아, 재미있겠다!"

아이들이 뜨거운 반응을 보였습니다.

"선생님, 그럼 '아름다운 우리 말 온도계'를 만들면 어떨까요?"

우주가 손을 번쩍 들고 말했습니다.

"난 찬성! 우리 반 애들이 오늘 한 번도 욕을 하지 않으면 하루에 10도씩 올라가는 건 어때요?"

태현이가 맞장구를 치고 나섰습니다.

"하루에 10도면 금방 100도가 되잖아. 그건 너무 쉬워!"

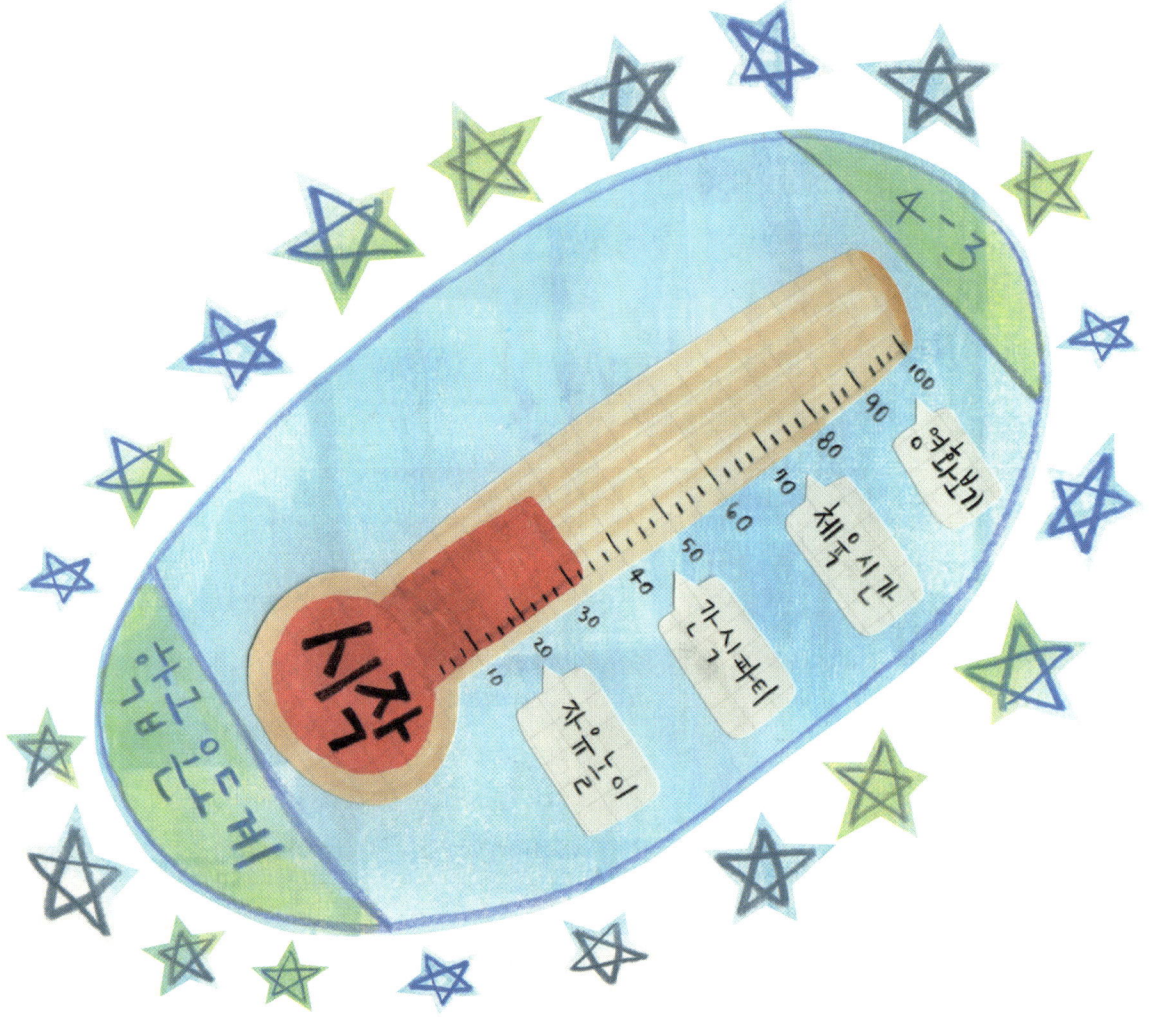

단비가 고개를 절레절레 흔들었습니다.

"그건 그렇군. 인정!"

태현이가 머리를 긁적거렸습니다.

"선생님이 정해 주세요."

태현이가 선생님을 보며 말했습니다.

"아이고, 우리 태현이가 아주 의젓해졌어! 다른 친구 의견도 잘 받아들이고."

선생님이 태현이를 칭찬해 주었습니다. 태현이는 기분이 좋아져서 아기처럼 방긋방긋 웃었습니다.

"그럼, 이제부터 우리 반은 아름다운 우리 말 온도계를 만들어 볼까요? 협농심도 생기고 좋은 경험이 될 거예요."

아이들이 큰 소리로 뜨겁게 대답했습니다.

"네에!"

선생님이 오한솔에게 아름다운 우리 말 온도계를 만들어 달라고 부탁했습니다. 오한솔은 튼튼한 마분지에 온도계를 멋지게 그렸습니다. 교실 게시판에 커다랗게 붙여진 아름다운 우리 말 온도계는 제법 그럴듯했습니다.

'나는 오늘 욕을 한 번도 하지 않았습니다'를 지킨 아이들이 많은 날, 하루에 온도를 1도씩 올리기로 했습니다. 그래서 10도씩 올라갈 때마다 피구 또는 아이들이 하고 싶은 '알뜰시장'을 하거나 특별한 상을 주기로 했습니다.

"100도가 되면 뭘 할까요?"

선생님은 아이들의 의견을 모아서 '과자 파티'나 '놀이동산'에 다 같이 가기로 정했습니다.

다음 날, 로아가 엄청 충격을 받는 일이 생겼습니다.

"로아야, 너 어떻게 하냐! 인터넷에 올라온 기사 봤어?"

도미솔이 학교에 오자마자 다급하게 로아를 불렀습니다.

"왜, 무슨 일인데?"

"이것 봐, 큰일 났어!"

미솔이는 다음와 같은 포털 기사를 로아에게 보여 주었습니다.

생방송 중 욕설을 한 톱 모델이자 홈 쇼핑계 매진의 여왕 오미유 논란

1분에 1억을 파는 능력으로 이름을 날린 유명 쇼핑 호스트이자 톱 모

델인 오미유가 생방송 중 욕설을 해 논란이다.

지난 6일 방송에 게스트로 출연한 오미유는 한 화장품을 판매하면서 "○발!"이라고 욕설을 내뱉었다. 옆 사람이 실수로 오미유를 툭 치면서 화장품이 바닥에 떨어지는 순간, 오미유가 욕하는 모습이 생방송으로 나가게 되었다. 이에 놀라고 불쾌감을 느낀 시청자들이 방송통신심의위원회에 민원을 넣고 있는 상황이다. 방송국으로도 끊임없이 민원이 접수되고 있다.

로아는 눈을 의심하면서 그 기사를 보고 또 보았습니다.

"로아 네가 엄청 좋아하는 패션모델 아냐?"

"오미유가 생방송 도중에 욕을 했대!"

패션모델이자 유명 쇼핑 호스트로 활동하는 오미유는 우아하고 예쁜 이미지로 인기가 아주 많았습니다.

"어떻게 하냐! 로아 엄청 실망했겠네."

단비가 옆에서 걱정해 주었습니다.

"평소에 욕을 입에 달고 살았던 거 아냐? 그러니까 자기도 모르게 욕을 한 거지."

우주가 옆에 와서 깐족거렸습니다.

"몰라, 몰라. 아이, 속상해!"

로아는 그날 온종일 기분이 좋지 않았습니다.

다음 날, 그 다음 날도 계속 같은 기사가 인터넷에 올라왔습니다. 결국 오미유는 소속사를 통해 사과문을 냈지만, 당분간 홈 쇼핑 호스트를 못 하게 되었다는 새로운 기사가 나왔습니다.

"우아! 욕 한 번 했다고 단번에 잘렸구나."

"그야 시청자 마음이지! 자기가 싫어하는 사람이 파는 물건을 믿고 사겠냐."

아이들이 수군거리는 이야기를 들으며 로아는 심각해졌습니다.

'선생님이 왜 '우리 반 규칙'으로 언어폭력을 강조했는지 알겠어.'

너무 속상하고 슬프지만 어쩔 수 없는 현실이다 싶었습니다.

로아는 학급 회의 시간에 자신이 겪은 일을 발표했습니다.

"제가 좋아하고 롤 모델이었던 사람이 오미유였어요. 지금처럼 유명해지고 사람들의 사랑을 받기까지 엄청나게 노력했을 거예요. 근데 오미유는 욕을 한 번 했다고 인기가 뚝 떨어졌어요. 모델은 물론 홈 쇼핑 호스트도 못 하게 되었지요. 그만큼 욕은 사람들에게 상처를 주고 자기에게도 나쁜 결과를 가져온다는 사실을 깨달았어요."

아이들은 손바닥이 얼얼하게 박수를 쳐 주었습니다.

그때, 태현이도 번쩍 손을 들었습니다.

"저도 비슷한 일을 겪었어요. 지금 발표하고 싶어요."

태현이가 좋아하던 아이돌 가수 케이가 지난 날 '학교 폭력'

사건으로 활동이 어려워지게 되었습니다. 중학교와 고등학교 시절에 약한 친구에게 욕을 퍼붓고 때리면서 왕따를 시킨 적이 있었다는 제보가 나왔기 때문입니다.

"제보가 사실로 확인되고 증인도 나왔어요. 그래서 케이는 그룹을 탈퇴하게 되었는데 그때 정말 놀랐어요."

태현이는 아직도 놀라서 가슴이 두근거린다고 했습니다.

"맞아요! 저도 가슴이 철렁했어요. 학교 폭력은 나중에 어른이 되어서도 문제가 되나 봐요."

우주도 눈이 휘둥그레져서 말했습니다.

"약한 친구에게 욕을 하고 폭력을 휘두른 사람은 나중에 절대로 유명한 사람이 되면 안 되겠다, 그치?"

미솔이가 말했습니다.

"도미솔, 너나 조심해. 지금 나보고 들으라고 하는 말이지?"

태현이가 미솔이를 향해 눈을 흘겼습니다.

다음 창체 시간이 돌아왔습니다. 오한솔은 그동안 보고 느낀 점을 정리해서 4장짜리 컷으로 만화를 그렸습니다. 욕설과 뒷

담화가 사람의 마음을 칼로 찌르는 폭력이라는 내용, 화가 난다고 상대를 때리고 욕하면 상황을 더 나쁘게 만든다는 내용, 화를 내고 때렸던 그 사람만 더 외롭고 불행해진다는 내용을 커다란 도화지에 그렸지요. 또 자신이 저지른 폭력은 유명한 연예인의 경우를 보아도 나중에 부메랑이 되어 돌아온다는 내용을 글과 그림으로 표현했습니다.

"진짜 잘 그렸다!"

"오한솔, 다시 봤어!"

선생님과 아이들은 모두 감탄했습니다.

"선생님, 2학기엔 마음 변호사가 아니라 만화가를 해도 돼요?"

"물론이지! 정말 멋진 직업을 찾았는걸."

선생님은 오한솔이 '우리 반 규칙'의 내용을 만화로 훌륭하게 표현했다고 했습니다.

"그런 의미에서 온도계 눈금을 올려 주겠어요."

선생님이 아름다운 우리 말 온도계의 눈금을 2도 올려 주었습니다.

"우아!"

아이들은 좋아하며 오한솔에게 박수를 쳐 주었습니다.

오늘도 4학년 2반 아이들은 교실에 들어가자마자 아름다운 우리 말 온도계의 빨간 눈금부터 확인합니다.

언젠가는 100도가 될 그날을 모두가 기다리고 있답니다.

부록
언어 예절 이것만은 알아 둬!

언어, 즉 말은 사람의 마음을 비추는 거울이라고 합니다. 왜냐하면 사람은 자신의 생각과 느낌을 말로 표현하기 때문입니다. 말을 통해 우리는 서로의 생각과 느낌을 알게 됩니다. 그러다 보니 말은 사람 사이를 좋게 만들기도 하고 나쁘게 만들기도 합니다. 다른 사람의 마음에 상처를 입히는 나쁜 말이 '언어폭력'입니다. 직접 남을 때리지 않아도 말로 다른 사람에게 상처를 주었다면 폭력이라고 할 수 있습니다. 우리가 살아가는 데 꼭 필요한 의사소통 수단인 말은 정말 중요합니다. 말을 정확하고 올바르게 쓰지 않으면 수많은 오해와 문제가 일어날 수 있습니다.

1. 언어폭력에는 무엇이 포함될까요?

1) 신체 폭력을 하겠다고 겁을 주는 경우

폭력은 남을 거칠고 사납게 억누르는 힘입니다. 신체에 폭력을 가하겠다는 협박은 공포심을 주는 나쁜 행동입니다.

2) 명예 훼손: 뒷담화나 나쁜 소문을 말하는 경우

그 사람이 없는 곳에서 그 사람의 험담을 하는 행위가 뒷담화입니다. 우리는 다른 사람을 통해 뒷담화를 전해 들었을 때 엄청난 배신감을 느낍니다. 뒷담화를 하다 보면 우리 자신의 마음이 부정적인 생각으로 채워지게 됩니다. 또 뒷담화를 듣는 사람도 죄책감과 불안감을 느끼게 되지요. 뒷담화는 자신의 마음을 옳지 못한 생각으로 채워 부정적인 사람을 만들고 다른 사람의 생각에도 부정적인 씨앗을 심습니다. 명예 훼손과 이간질이 포함됩니다.

3) 친구가 싫어하는 별명을 말하는 경우

별명은 얼굴 생김새와 몸의 특징, 이름이나 어떤 사건 때문에 생길 때가 많습니다. 별명은 장난스럽게 재미로 붙이기 때문에 상대방에 대한 배려와 존중은 찾아보기가 어렵습니다. 또한 상대방이 싫어해도 계속 부르면 그것은 언어폭력이 됩니다. 싫어하는 별명을 계속 듣게 되면 그 사람은 마음이 아프고 자신이 보잘것없고 싫어지게 되면서 우울해집니다.

4) 욕설(비속어)을 하는 경우

욕은 '남의 인격을 무시하는 모욕적인 말'입니다. 또한 남을 저주하는 말이기도 합니다. 상대방에 대한 따스한 배려는 조금도 찾아볼 수 없습니다.

문제는 욕을 계속 하면 저절로 습관이 된다는 점입니다. 습관은 바꾸기 어렵습니다. 갑자기 나도 모르게 튀어나오게 됩니다. 욕을 계속 하고 들으면 우리 뇌의 전두엽이 위축되고 뇌에 부정적인 생각을 심어 주게 됩니다. 학습 및 일을 수행하는 능력도 떨어지게 되지요.

또 욕을 많이 쓰면 다양한 어휘를 사용하는 능력이 떨어집니다. 그래서 언어 사용 능력이 발달하지 못합니다.

5) 인신공격을 하는 경우

성적, 운동 실력, 과거에 대한 실수 등 개인의 특징에 대해 나쁘게 말하는 경우를 말합니다. 달리기나 줄넘기를 잘하지 못한다고 놀리거나 유치원 시절에 실수로 오줌 싼 일로 놀리는 일이 해당됩니다.

2. 속담과 경전에 나오는 '말의 중요함'

속담은 오랫동안 많은 사람의 지혜와 경험을 통해 생긴 우리 조상의 '한 말씀'입니다. 속담을 알아듣고 익히게 되면 언어만 풍부해지는 것이 아니라 생각하는 방법까지 지혜롭게 배울 수 있습니다. 음식을 만드는 소중한 된장, 고추장처럼 우리 생각을 잘 만드는 훌륭한 재료가 될 수 있답니다.

속담 중에 우리가 생활에서 쓰는 언어인 '말'에 관한 것이 있습니다.

'말이 씨가 된다.', '한마디 말이 천 냥 빚을 갚는다.', '가는 말이 고와야 오는 말이 곱다.', '가루는 칠수록 고와지고 말은 할수록 거칠어진다.' 등이 있지요.

또 기독교 성서의 잠언에는 '따뜻한 말은 생명의 나무가 되고 가시돋힌 말은 마음을 상하게 한다.'고 나와 있습니다. 이웃 나라 중국에는 '차가운 차와 차가운 밥은 참을 수 있지만, 차가운 말과 차가운 이야기는 견디지 못한다.'는 속담이 있답니다.

이처럼 속담과 경전은 '말'은 우리에게 아주 중요하다는 사실을 이야기합니다.

3. 올바른 대화를 위한 우리의 자세

말은 '마음의 옷'과 같다고 합니다. 보이지 않는 마음을 표현하는 '말'은 나 혼자만을 위해서가 아니라 친구, 가족, 이웃과

더불어 행복하게 살아가기 위해 꼭 필요합니다.

 좋은 대화는 우리 생활에 큰 힘을 불어넣습니다. 어른들은 사업을 성공으로 이끌며, 어린이에겐 진정한 우정과 화목한 가정을 가져다줍니다. 서로 대화를 나누다 보면 상대방의 입장, 의견, 마음까지 헤아리게 되니까요.

 우리가 나누는 대화가 즐겁고 보람 있기 위해서는 지켜야 할 예절이 있습니다.

- ☆ 상대방의 얼굴을 바라보며 말해야 합니다. 주위를 두리번거리거나 다른 엉뚱한 곳을 뚫어지게 보면 마치 상대방과 대화하고 싶지 않은 것처럼 비추어집니다.

- ☆ 팔짱을 끼거나 다리를 포개지 않습니다. 상대방을 무시하는 건방진 사람이란 오해를 받을 수 있습니다.

- ☆ 다리 떨기, 머리카락 만지기, 손 비비기, 손톱 깨물기, 몸 흔들기 등 좋지 않은 버릇이 나오지 않도록 주의합니다.

✰ 발음이 정확하지 않은 경우엔 너무 걱정하지 마세요. 발음은 얼마든지 노력으로 고칠 수 있습니다. 큰 소리로 책 읽는 훈련을 반복하면 도움이 됩니다.

✰ 유행어나 인터넷 용어는 어른과 대화할 때 사용하지 않도록 합니다. 또래의 친한 친구 사이가 아니면 정확하고 품위 있는 언어를 사용하는 것이 가장 좋은 대화법입니다.

✰ 상대방의 말을 가로막지 않습니다. 또 혼자만 이야기를 끝까지 하려고 해서는 안 됩니다. 상대방이 하고 싶은 말이 있거나 내 의견에 반대하면 충분히 이야기할 수 있는 기회를 주어야 바른 대화랍니다.

✰ 대화를 할 때엔 완전한 문장을 말합니다. 그냥 "됐어요."보다 "제 힘으로 해 보겠습니다.", "안 갈래요."보다 "다음에 도서관에 찾아가겠습니다."가 훨씬 분명하고 예의가 바릅니다. 줄여서 하는 말은 무례하거나 성의가 없어 보

입니다. 또 정확한 의견이 전달되지 못해서 혼란을 가져올 수도 있어요. 바른 말로 이루어진 완전한 문장으로 말해야 아름답고 올바른 대화가 됩니다.